명언으로 배우는 독일어작문

김 경 욱 편저

한국문화사

명언으로 배우는 독일어작문

김경욱 편저

한국문화사

저자와의
협의하에
인지생략

명언으로 배우는 독일어작문

2009년 5월 25일 초판 1쇄 발행
2015년 2월 28일 초판 2쇄 발행
2017년 2월 28일 초판 3쇄 발행

편 저 : 김 경 욱
발 행 : 김 진 수

발행처 : **한국문화사**
등록번호 / 2-1276호(1991.11.9)
주소 / 서울시 성동구 광나루로 130 서울숲 IT캐슬 1310
전화 / 464-7708(대표) · 팩스 / 499-0846
URL / www.hankookmunhwasa.co.kr
e-mail / hkm7708@hanmail.net

책값은 뒤표지에 있습니다. ISBN 978-89-5726-638-0 93750

이 도서의 국립중앙도서관 출판시도서목록(CIP)은 e-CIP 홈페이지 (http://www.nl.go.kr/cip.php)에서 이용하실 수 있습니다. (CIP제어번호: CIP2009000603)

서 문

이 책의 구조는 Goethe, Schiller, Bibel 등에서 우리 인생에 도움이 되는 명언들을 발췌해서 번역하여 우리말로 먼저 소개하였고, 이것을 토대로 '독일어작문연습'을 하게 한다는 의도에서 쓰여졌다. 우리는 이 책을 통해 '독일어작문연습'뿐만 아니라, 인류의 스승들의 지혜를 배우는 일거양득의 효과를 거둘 수 있다. 우리 인간은 나이가 들어서도 항상 자기발전을 위해 좋은 책을 읽을 필요가 있다는 편저자의 소신에 따른다면, 이 책은 앞으로도 보완될 여지를 남겨두고 있다. 명언들의 소개 순서는 다음과 같다: I. Goethe의 명언들 II. Schiller의 명언들 III. 건강에 관한 명언들 IV. 결혼에 관한 명언들 V. 격려와 위로에 관한 명언들 VI. 인생과 행복에 관한 명언들.

한국어에서는 독일어에서와는 달리 텍스트안의 일정한 사람이나 사물을 지시할 때에만 독일어 정관사의 대응어(Äquivalent)인 그를 사용하고 그 밖의 경우에는 그를 잘 사용하지 않는다. 독일어의 부정관사는 분류해주는 기능을 가지고 있기 때문에 (예: *Sie ist eine schöne Frau*: '그녀는 아름다운 여인으로 분류될 수 있다'는 뜻이다') 비교적 자주 사용되는 반면에 한국어의 대응어인 한 또는 *한 개의*는 한 개라는 숫자를 나타낼 때에만 사용되므로 독일어의 '부정관사'만큼 그렇게 자주 사용되지 않는다. 그리고 철자법은 새로운 정서법에 의거했음을 밝혀둔다. 그리고 독일어와 한국어의 차이에 대한 설명이 필요하거나, 독일어문장을 작문할 때 꼭 알아두어야 할 문법적 설명이 필요하면, '*'를 한 후에 상세하게 설명하였다.

특히 항상 다정하게 격려해주시는 한국외국어대학 독일어과의 여러 교수님들과, 늘 변함없이 많은 도움을 주는 아내에게 감사의 마음을 전하고 싶다. 여기에 소개된 성경구절은 1984년의 "루터번역의 개정판"과 1997년판의 "좋은 소식"(die Gute Nachricht)에서 인용되었으며, 새로운 정서법에 따라 수정했음을 밝혀둔다. 이 책의 편집과 인쇄를 맡아서 수고해주신 한국문화사 김종훈 과장님과 최정미 과장님에게도 심심한 감사를 드리는 바이다. 이 교재의 개발은 2009년도 한국외국어대학교 교내학술연구비 지원에 의하여 저술되었음을 밝힌다.

2009년 5월 10일　編著者 識

차 례

명·언·으·로·배·우·는·독·일·어·작·문

서문 / v

Ⅰ. Goethe의 명언들 / 1

Ⅱ. Schiller의 명언들 / 19

Ⅲ. 건강에 관한 명언들 / 37

Ⅳ. 결혼에 관한 명언들 / 69

Ⅴ. 격려와 위로에 관한 명언들 / 83

Ⅵ. 인생과 행복에 관한 명언들 / 161

성경을 위한 약호

Ch	: Christus
Eph	: Der Brief an die Epheser
Gen	: Genesis
GN	: Gute Nachricht (1997)
Jeremia	: Das Buch Jeremia
Jesaja	: Das Buch Jesaja
Joel	: Das Buch Joel
1 Joh	: Der erste Brief des Johannes
1 Kor	: Der erste Brief an die Korinther
Lukas	: Das Evangelium nach Lukas
Mt	: Das Evangelium nach Matthäus
Nehemia	: Das Buch Nehemia
Offb	: Die Offenbarung des Johannes
1. Petr/1. Petrus	: Der erste Brief des Petrus
Philipper	: Der Brief an die Philipper
Ps	: Die Psalmen
Römer	: Der Brief an die Römer
2. Samuel	: Das zweite Buch Samuel
Sir	: Das Buch Jesus Sirach
1. Thessalonicher	: Der erste Brief an die Thessalonicher
1. Timotheus	: Der erste Brief an Timotheus
Titus	: Der Brief an Titus

기호 및 약호

‘ ’	: Paraphrase(의미풀이)/Terminologie(문법적 용어)
/	: alternativ(양자택일이 가능한)
〔 〕	: Angabe(임의첨가어)
sich erbitten	: Objektsprache(연구의 대상언어 또는 필자에 의해 강조되는 부분)
Aadv	: Adverbialangabe
Enom	: Nominativergänzung
Eakk	: Akkusativergänzung
Epräp	: Präpositionalergänzung
Epräp(=*zu*)	: Präpositionalergänzung mit der Präposition *zu*
(Eadv)	: fakultativ weglassbare Adverbialergänzung
etw.^{3}	: *etwas* (Dativ)
etw.^{4}	: *etwas* (Akkusativ)
Inf	: Infinitiv
jn.	: jemanden
jm.	: jemandem
sich^{3}	: Dativ *sich*
sich^{4}	: Akkusativ *sich*
Unbekannt	: 그 명언을 말한 사람이 알려져 있지 않음
V 1	: Variante 1 (=‘Bedeutungsvariante’(의미 변이체))

참고문헌의 약호

모델 : "모델 독한사전"(1995), 한국 독어독문학회. 서울.

KVL : "Kleines Valenzlexikon deutscher Verben"(1978). Tübingen.

VALBU : "Valenzwörterbuch deutscher Verben"(2004). Helmut Schumacher. Tübingen.

WV : "Wörterbuch zur Valenz und Distribution deutscher Verben"(1978). G. Helbig/ W. Schenkel. Leipzig.

WVS : "Wörterbuch zur Valenz und Distritution der Substantive"(1977). K-E Sommerfeldt/H. Schreiber. Leipzig.

PART I.

Goethe의 명언들

1 행복은 용기를 만든다.

Glück macht Mut.

Aus *Götz von Berlichingen*

2 사랑받는다는 것은 얼마나 큰 행복인가, 그리고 사랑한다는 것은, 신들이여, 얼마나 큰 행복인가!

Welch ein Glück,
geliebt zu werden,
Und lieben, Götter,
welch ein Glück!

Aus *Willkommen und Abschied*

3 인생의 월계관, 끊임없는 행복, 너는 바로 사랑이다.

Krone des Lebens,
Glück ohne Ruh',
Liebe bist du!

Aus *Rastlose Liebe*

4 욕망과 사랑은 위대한 행동들로 향한 날개들이다.

Lust und Liebe sind die Fittiche
Zu großen Taten.

Aus *Iphigenie auf Tauris*

5 행동만이 사랑의 힘을 증명한다.

Die Tat allein
beweist der Liebe Kraft.

Aus *Die natürliche Tochter*

6 한 애를 팔위에 안고 있는 한 어머니를 보는 것보다 더 매력적인 것은 없다. 그리고 많은 아이들 사이에 있는 한 어머니보다 더 존경스러운 것은 없다.

Es ist nichts reizender als eine Mutter zu sehen mit einem Kind auf dem Arme, und nichts ehrwürdiger als eine Mutter unter vielen Kindern.

Aus *Wilhelm Meisters Lehrjahre*

7 우리가 젊은 동안에는 실수는 정말 좋다;
사람들은 단지 그 실수를 노년에까지 지니고 가서는 안 된다.

Der Irrtum ist recht gut,
so lange wir jung sind;
man muss ihn nur nicht
mit ins Alter schleppen.

Aus *Sprüche*

8 얼마나 빠르게 인간생명의 흔적들은 지구로부터 사라지는가... 당신이 살아있는 사람이 살아있는 사람에게 계획적으로 기쁨을 만들어 주어야한다고 말하는 것은 아주 옳은 일인 것이다, 왜냐하면 여러 불유쾌한 일은 유감스럽게도 자명하기 때문에.

Wie bald schwinden die Spuren
des Menschenlebens von der Erde weg...
Sie haben ganz Recht zu sagen,
dass der Lebende dem Lebenden
mit Vorsatz Freude machen solle,
da so manches Unerfreuliche sich
leider von selbst versteht.

Aus An *den Schwager, Staatsmann und Schriftsteller Johann Georg Schlosser,* 1824

9 순간을 포착하는 자, 그 사람이 옳은 사람이다.

Der den Augenblick ergreift,
Das ist der rechte Mann.

Aus *Faust*

10 옳은 길을 (너는) 결코 아쉬워하지 않을 것이다, 감각과 양심에 따라서만 행동한다면.

Den rechten Weg wirst (du) nie
vermissen,
Handle nur nach Gefühl und
Gewissen.

Aus *Zahme Xenien*

11 위대한 생각들과 순수한 마음, 그것이 바로 우리가 신(神)으로부터 간구해야 할 대상이다.

Große Gedanken und ein reines
Herz, das ist's, was wir *uns* von Gott erbitten sollten.

Aus *Wilhelm Meisters Wanderjahre*

Note

*sich erbitten*은 '무연(無緣) 재귀구조 Unmotivierte Reflexivkonstruktion'이다. 즉 '유연(有緣) 재귀구조 Motivierte Reflexivkonstruktion'인 Sie *wäscht ihren Sohn/sich.*의 *sich*는 '4격 보충어'라는 한 개의 문장성분의 역할을 하는 데 반해 *sich erbitten*과 같은 '무연(無緣) 재귀구조'의 *sich*는 동사의 일부일 뿐 다른 동사보충어를 대리하지 않는다.

12 사람이 자신을 실제보다 과대평가하는 것과 자신의 실제 가치보다 과소평가하는 것은 하나의 큰 실수라고 할 수 있다.

Ein großer Fehler: dass man sich
mehr dünkt als man ist und sich weniger schätzt als man wert ist.

Aus *Maximen und Reflexionen*

13 행동이 모든 것이고, 명성은 아무 것도 아니다.

Die Tat ist alles,
nichts (ist) der Ruhm.

Aus *Faust*

14 **인간은 모름지기 고귀하고, 남에게 도움을 많이 주고 선량할 지어라! 왜냐하면 그것만이 인간을, 우리가 알고 있는 모든 존재들로부터 구별하기 때문이다.**

Edel sei der Mensch,
Hilfreich und gut!
Denn das allein
Unterscheidet ihn
von allen Wesen,
Die wir kennen.

Aus *Das Göttliche*

Note

*Edel*을 강조하기 위해 문두에 두었다. *sei*는 *sein* 동사의 '접속법 1식'으로 '3인칭단수에 대한 명령'으로 쓰였다.

15 **비판적 친구를 한 사람 옆에 두면, 우리는 점점 더 빠르게 발전할 것이다.**

Einen kritischen Freund an der
Seite, kommt man immer
schneller vom Fleck.

Note

*nicht vom Fleck kommen*이 'mit etwas nicht vorankommen'이므로, *vom Fleck kommen*은 'mit etwas vorankommen', 즉 '어떤 일에서 진전을 보다'라는 의미를 갖고 있다.

16 개인적 친분이 모든 진정한 관계들의 토대이다.

Persönliche Bekanntschaft ist der Grund zu allen wahren Verhältnissen.

17 자기희생이 없이는 어떤 우정도 생각될 수 없다.

Ohne Aufopferung lässt sich keine Freundschaft denken.

18 고독에 침잠하는 자는, 아! 그는 곧 혼자 있게 될 것이다.

Wer sich der Einsamkeit ergibt,
Ach! Der ist bald allein!

Aus *Wilhelm Meisters Lehrjahre*

19 나는 나의 손님들 중에서 명랑한 사람을 가장 사랑 한다: 자기 자신을 조롱할 수 없는 자는 확실히 가장 좋은 사람들에 속하지는 않는다.

Ich liebe mir den heitern Mann
Am meisten unter meinen Gästen:
Wer sich nicht selbst zum besten haben kann,
Der ist gewiß nicht von den Besten.

Aus *Epigrammatisch*

Note

*jn. zum besten haben*은 '누구를 조롱하다/놀리다/야유하다'의 의미이다.

20 교육이 끝난 자에게는 아무 것도 옳게 교정될 수가 없다. 성장 중인 사람이라면, 그는 항상 감사할 것이다.

Wer fertig ist, dem ist nichts
recht zu machen.
Ein Werdender wird immer
dankbar sein.

Aus *Faust*

Note

Ein Werdender 에서 '부정관사'는 반드시 번역해 줄 필요는 없다: 이 때 부정관사의 기능은 '분류'의 기능으로서 '그 사람이 성장 중인 사람의 부류에 속한다면'의 의미를 가진다.

21 한 개의 재능은 정적 속에서 형성되고, 한 개의 성격은 세계의 흐름 속에서 형성된다.

Es bildet ein Talent sich
in der Stille,
Sich ein Charakter in dem Strom
der Welt.

Aus *Torquato Tasso*

22 우리가 우리 자신을 도야하는 곳, 그 곳에 우리 조국이 있다.

Wo wir uns bilden,
da ist unser Vaterland.

Aus *Was wir bringen*

23 타고난 것만이 아니라, 습득된 것도 또한 인간이다.

Nicht allein das Angeborene,
auch das Erworbene
ist der Mensch.

Aus *Sprüche*

24 교양 있는 사람들과, 다른 사람들의 교양형성을 위해 일하는 사람들은 그들의 인생을 잡음 없이 보낸다.

Gebildete Menschen und (die Menschen,) die auf
Bildung anderer arbeiten, bringen
ihr Leben ohne Geräusche zu.

Aus An *Charlotte von Stein,* 1807

Note

(die Menschen)은 원문에는 없지만, 편저자에 의해 현대적 독어로 만들기 위해 보충되었다.

25 인간의 역사는 그의 성격이다.

Die Geschichte des Menschen
ist sein Charakter.

Aus *Wilhelm Meisters Lehrjahre*

26 최고의 교양을 영리한 사람은 여행 중에 발견한다.

Die beste Bildung findet *der gescheite* Mensch auf Reisen.

Aus *Wilhelm Meisters Lehrjahre*

Note

*der gescheite Mensch*의 *der*도 '그'의 의미라기보다 '일정한 부류의 사람'의 대표, 즉 '종속(種屬) Gattung'을 나타내므로 '그'로 번역하면 어색하다.

27 사람들이 그의 과오들로부터 벗어나려면, 그것들에 대해 비싸게 지불해야 한다 — 그러면 아직 운이 좋았다고 말해야 한다.

Man muss *seine Irrtümer* teuer bezahlen, wenn man *sie los* werden will – und dann *hat* man noch *von Glück zu sagen*.

Aus *Sprüche*

Note

- *seine Irrtümer*를 나중에 받아주는 '전방 지시사 Anapher'가 *sie*이다. 그러나 우리말에서는 '*wenn*-부문장'이 먼저 나오므로, 독일어의 대명사를 명사로 바꾸어주어야 한다.
- *jn. los werden*은 '누구로부터 벗어나다'를 의미하고, 형용사 *los*는 '4격 명사'를 요구하는 결합가를 갖고 있다.
- *von Glück sagen/reden können*은 숙어로서 '행운이라고 말할 수 있다'를 뜻한다.

28 사람들은 한 젊은 사람에게 적시(適時)에 그의 인생의 사명들을 알려주는 것보다 더 큰 선행을 베풀어 줄 수는 없다.

Man kann einem jungen Menschen keine größere Wohltat erweisen, als wenn man ihn rechtzeitig in die Bestimmungen seines Lebens einweiht.

Aus *Wilhelm Meisters Lehrjahre*

29 너의 일들 중에서 옳은 것만 하라,
다른 것은 스스로 이루어질 것이다.

Tu' nur das Rechte in deinen Sachen,
Das andere wird sich von selber machen.

Aus *Sprichwörtliches*

30 은총의 하루는 수확의 하루와 같다: 그것(=수확물)이 익자마자, 우리는 분주하게 일해야 한다.

Ein Tag der Gunst ist wie ein Tag der *Ernte*:
Man muss geschäftig sein, sobald *sie* reift.

Aus *Torquato Tasso*

Note

원래 *reifen*은 *Die Tomaten reifen an der Sonne.* '토마토가 햇볕에 익다'에서 보듯이, '과일 또는 곡식'이 주어로 온다. 그러므로 *Ernte*를 받아주는 *sie*는 '수확'의 의미가 아니라 '수확물'을 나타낸다.

31 나는 궁색하게 사는 데에는 익숙해져 있지만, 초라하게 생각하는 데에는 익숙하지 않다.

Ich bin gewohnt, armselig zu leben.
aber nicht, armselig zu denken.

Aus *Der Großkophta*

32 침묵하는 사람은 걱정할 것이 적다, 그 사람은 혀 밑에 숨겨져 있는 것이나 마찬가지이기 때문이다.

Wer schweigt, hat wenig zu sorgen,
Der Mensch bleibt unter der Zunge verborgen.

Aus *West-östlicher Divan*

33 모든 착한 사람들은 분수를 알고 자족한다.

Alle Guten sind genügsam.

Aus *West-östlicher Divan*

34 풍부함과 축복을 적당하게/절제 있게 즐겨라; 인생이 인생을 기뻐하는 곳에는 어디에나 이성(理性)이 함께 있도록 해야 할 것이다.

Genieße mäßig Fülle und Segen;
Vernunft sei überall zugegen,
Wo Leben sich des Lebens freut.

Aus *Vermächtnis*

35 그리고 네가 너 자신을 신뢰하기만 하면, 다른 사람들도 너를 신뢰할 것이다.

Und wenn du dir nur selbst vertraust,
Vetrauen dir die andern Leute.

Aus *Faust*

36 인생은 그들에게는 단지 그들이 함께 도와서만 풀 수 있는 한 개의 수수께끼였다.

Das Leben war ihnen ein
Rätsel, dessen Auflösung sie nur
miteinander fanden.

Aus *Die Wahlverwandtschaften*

37 인생의 목적은 인생 그 자체이다.

Der Zweck des Lebens ist das Leben selbst.

(An *den Mitarbeiter, Maler und Kunstschriftsteller Johann Heinrich Meyer,* 1796)

38 너는 항상 계속해서 방황하려고 하느냐? 보아라, 좋은 것은 그렇게 가까운 곳에 있다.
단지 행복을 붙잡는 법을 배워라, 왜냐하면 행복은 항상 바로 너와 가까운 그 곳에 있기 때문이다.

Willst du immer weiter
schweifen?
Sieh, das Gute liegt so nah.
Lerne nur das Glück ergreifen,
Denn das Glück ist immer da.

Aus *Erinnerung*

39 인간은 자신이 원하는 곳으로 향하고, 무슨 일을 꾀하든 간에: 항상 그는 자연이 언젠가 한 번 그에게 미리 확정해놓은 그 길로 다시 돌아올 것이다.

Der Mensch mag sich wenden,
wohin er will, er mag unternehmen,
was es auch sei: stets wird er
auf jenen Weg wieder zurückkehren,
den ihm die Natur einmal vorgezeichnet hatte.

Aus *Dichtung und Wahrheit*

40 작은 동아리모임은, 우리가 그것을 잘 육성할 줄만 안다면, 얼마나 성과가 큰 것인가?

Wie fruchtbar ist
der kleine Kreis,
Wenn man ihn wohl
zu pflegen weiß.

Aus *Zahme Xenien*

41 우리는 자신을 고립시켜서는 안 된다, 왜냐하면 사람들이란 계속 고립하여 있을 수는 없기 때문이다; 사회 속에서 사람들은 오히려 자기 자신과 타인들을 견디어내는 법을 배우게 된다.

Man soll sich nicht isolieren, denn
man kann nicht isoliert bleiben; in
Gesellschaft lernt man eher sich
und andere tragen.

(An *den Schriftsteller und alten weimarischen Urfreund Karl Ludwig von Knebel,* 1798 (1) und 1787 (2))

42 사람들이란 사람들에 의해서만 교육되어진다,
좋은 사람들은 좋은 사람들에 의해서만 양성될 수 있다.

Die Menschen werden nur von
Menschen gebildet, die Guten
von Guten.

(An *den Philosophen Friedrich Heinrich Jacobi,* 1784 (1) und 1788 (2))

43 부모가 교육을 받았으면, 교육받은 애들을 낳을 수 있을 것이다.

Man könnte erzogene Kinder gebären,
wenn die Eltern erzogen wären.

Aus *Sprüche*

Note

*Man*은 우리말에서는 '우리', '사람들' 경우에 따라서는 번역하지 않는 것이 더 자연스럽다.

44 본인이 원하지 않는다면, 아무도 확신시킬 수 없다는 사실은 이미 비밀이 아니다.

Es ist ja kein Geheimnis, dass niemand überzeugt wird,
wenn er nicht will.

(An *den Erzähler und Musikschriftsteller Johann Friedrich Rochlitz,* 1812)

45 진짜 남자의 진실한 축제는 행동이다.

Des echten *Mannes* wahre Feier
ist die Tat.

Aus *Pandora*

Note

*Mann*은 '성인남자'와 '남편'의 두 가지 '의미 변이체'(Bedeutungsvariante)를 갖고 있다.

46 무엇이 너의 의무인가?
그 날의 요구.

Was aber ist deine Pflicht?
Die Forderung des Tages.

Aus *Maximen und Reflexionen*

47 생각하는 사람의 가장 아름다운 행복은: 밝혀낼 수 있는 것을 다 연구한 후에 밝혀낼 수 없는 것을 그냥 존경하는 것이다.

Das schönste Glück des denkenden Menschen ist: das Erforschliche erforscht zu haben und das Unerforschliche ruhig zu verehren.

Aus *Sprüche*

48 우리는 원칙들을 아무리 확고하게 자기 자신에게 확립해도 지나치지 않지만, 원칙의 적용에 관한 한, 자유로운 생각을 가지고 관대하게 행동하는 것이 의무이다.

Grundsätze kann man nicht fest genug bei sich stellen, aber was die Anwendung betrifft, ist es Pflicht, sich freigesinnt und nachgiebig zu verhalten.

(An *den Bildhauer Johann Gottfried Schadow,* 1815)

49 지금 당장 돕지 않는 사람은 나에게는 한 번도 돕지 않는 것처럼 보인다; 지금 당장 충고해주지 않는 사람은 결코 충고하지 않는 것처럼 보인다.

Wer nicht im Augenblick hilft, scheint mir nie zu helfen; wer nicht im Augenblick Rat gibt, (scheint mir) nie zu raten.

Aus *Wilhelm Meisters Lehrjahre*

50 자기 자신을 아는 사람은 확신을 가지고 앞뒤로 갈 수 있다.

Wer sich kennt, kann sicher vorwärts und rückwärts gehen.

Aus *Egmont*

Note

*Wer*는 '선행사가 없는 관계대명사 주격'으로서 '사람'을 나타냄.

PART II.

Schiller의 명언들

1 영리한 남자는 미리 미래를 설계한다.

Der kluge Mann baut vor.

Aus *Wilhelm Tell*

2 대가가 되려는 자는 일찍부터 연습한다.

Früh übt sich, was ein Meister werden will.

Aus *Wilhelm Tell*

3 국민들의 복지가 최고의 의무이다.

Des Volkes Wohlfahrt ist die höchste Pflicht.

Aus *Maria Stuart*

4 사랑의 행복보다 더 아름다운 행복이 있느냐?

Gibt es ein schöneres als der Liebe Glück?

Aus *die Braut von Messina*

5 많은 자유가 있는 곳에, 많은 실수가 있다, 그러나 의무의 좁은 길은 안전하다.

Wo viel Freiheit (ist), ist viel Irrtum,
Doch sicher ist der schmale Weg der Pflicht.

Aus *Wallenstein*

6 **각자(各者)가 모든 사람들을 사랑한다면, 각자(各者)는 세상을 소유하게 될 텐데.**

Wenn jeder Mensch alle Menschen *liebte*, so *besäße* jeder einzelne die Welt.

Aus *Philosophische Briefe*

Note

*liebte*는 약변화동사 *lieben*의 '접속법 2식'의 형태이고, *besäße*는 강변화동사 *besitzen*의 '접속법 2식'의 형태이다. '접속법 2식'의 기본적 기능은 '비현실(=사실이 아님)'을 나타내는 것이므로, 사실은 '실제로는 각자가 모든 사람을 전부 사랑하지는 않고 있다'라는 전제를 깔고 있다고 볼 수 있다. 그러나 '각자가 모든 다른 사람들을 사랑하려고 노력하여 또 그렇게 할 수 있게 된다면, 세상을 다 소유하게 되는 것이나 진배없음'을 표현하는 명언이다.

7 **내일에는 우리는 더 이상 살 수 없다, 그러므로 오늘 살자!**

Morgen können wir nicht mehr leben, darum laßt uns heute leben!

Aus *Das Siegesfest*

Note

*Morgen*은 대문자로 명사일 때에는 명사로서 '아침'(*guten Morgen!*)을 뜻하고, 소문자일 때에는 '내일에는'을 뜻한다. 그러나 여기에서는 한 문장의 첫째자리이므로 '내일에는'이라는 '부사'이지만 대문자이다.

8 죄와 실수가 없이 어린애처럼 순수한 영혼을 유지하는 자에게는 복이 있으리라!

Wohl dem, der frei von Schuld und Fehle

Bewahrt *die kindliche reine Seele!*

Aus *Die Kraniche des Ibykus*

Note

원래 관계문에서는 정동사 Bewahrt가 문미(文尾)에 와야 되지만, *die kindliche reine Seele*를 문미에 두어 '레마'로 강조했음.

9 사람이 행복/환희/열락(悅樂)에 필요로 하는 것은 적은 것이다.

Es ist wenig, was man zur Seligkeit bedarf.

Aus *Don Carlos*

10 인생을 일시적으로 장식하는 재산들에 마음을 두지 마라!
소유하고 있는 자는 잃는 것을 배우고, 행복한 자는 고통을 배워라!

Nicht an die Güter hänge dein Herz,
Die das Leben vergänglich zieren!
Wer besitzt, der lerne verlieren,
Wer im Glück ist, der lerne den Schmerz!

Aus *die Braut von Messina*

Note

*Nicht an die Güter*를 문두에 두어 '테마'로 강조했음.

11 인간의 의지, 그것이 그의 행복이다.

Des Menschen Wille,
das ist sein Glück.

Aus *Wallenstein*

12 너희는 여성들을 존경하라! 그들은 천상의 장미 꽃다발을 지상의 생활 안으로 엮어 넣는다.

Ehret die Frauen!
Sie flechten und weben
Himmlische Rosen
ins irdische Leben.

Aus *Würde der Frauen*

13 사랑의 광휘 없는 인생이란 무엇인가?

Was ist das Leben
ohne Liebesglanz?

Aus *Maria Stuart*

14 내가 바쁘고 내 일이 잘 되면, 나는 항상 기분이 아주 좋다.

Es ist mir immer himmlisch wohl, wenn ich beschäftigt bin und meine Arbeit mir gedeiht.

(An *die Eltern Johann Kaspar und Elisabeth Dorothea Schiller,* 1793)

15 그의 행동들 안에 그 사람은 그려진다.

In seinen Taten *malt sich* der
Mensch.

Aus *Über die ästhetische Erziehung des Menschen*

Note

*sich malen*은 *sich öffnen*(='열려진다')처럼 '수동태 경쟁형태로서의 재귀구조'(Reflexivkonstruktion als Passivkonkurrenz)이며, '...진다'로 번역되는 의미적 특징이 있다. 그리고 주어의 의미부류는 주로 '사물'이다. '의도유무시험'(Intentionsprobe)은 성립되지 않는다.

16 한가한 짬에 나쁜 정신이 활동한다.

In müßiger Weile schafft der
böse Geist.

Aus *Maria Stuart*

17 너무 많이 심사숙고하는 자는 적은 것을 이루어 낼 것이다.

Wer gar zu viel bedenkt,
wird wenig leisten.

Aus *Wilhelm Tell*

18 나에게 최고로 재미있는 한 가지 일은 나에게 모든 육체적 의기소침/우울 증세들을 극복시킨다.

Eine Beschäftigung, die mich äußerst interessiert, erhebt mich über alle körperlichen *Bedrückungen.*

(An *den Freund Christian Gottfried Körner,* 1787)

Note

*Bedrückung*은 'Bedrücktheit 의기소침/우울'을 뜻한다.

19 계획들을 세운다는 것은 아주 즐거운 일이다.

Pläne machen ist *etwas gar Angenehmes.*

(An *Charlotte von Lengfeld,* 1789)

Note

*etwas*는 명사가 아니라 대명사이기 때문에 '소문자'로 쓰고, *Angenehmes*는 '형용사의 명사화'이므로 '대문자'이다.

20 우리는 사람들을 심판할 것이 아니라, 사람들에 대해 교육을 시도해 보아야만 할 것이다.

Wir sollten die Menschen

nicht richten, *sondern versuchen zu* erziehen.

Aus *Über das Erhabene*

Note

*nicht, sondern*은 *zwar, aber*처럼 항상 함께 오며 '이 아니고, ...이다'를 뜻한다. versuchen 다음에 *die Menschen*이 생략되었다. 왜냐하면 *erziehen*은 '4격 보충어'를 요구하는 '타동사'이기 때문이다. *versuchen zu*는 영어 'try to'에 해당한다.

21 **너 자신을 알고 싶으면, 다른 사람들이 어떻게 행동하는지를 잘 봐라; 다른 사람들을 잘 이해하려면, 너 자신의 마음속으로 보아라.**

Willst du dich selber erken–
nen, so sieh, wie es die andern
treiben;
Willst du die andern verste–
hen, blick' in dein eigenes
Herz.

Aus *Votivtafeln*

Note

'*wenn*–조건문', 즉 *Wenn du dich selber erkennen willst*에서 *wenn*이 생략되면 정동사가 문두에 오게 된다: *Willst du dich selber erkennen*

22 **너희는, 하늘에 있는 너희들의 아버지가 완전하듯이, 완전한 사람들이 되어라! 라고 우리들 신앙의 창설자는 말하고 있다. 약한 인간들은 이 명령을 듣자 얼굴이 창백해졌다, 그 때문에 그는 더욱 더 분명하게 자신의 의사를 표명했다: 너희들은 서로 사랑하라.**

Seid vollkommen, wie euer Vater im Himmel vollkommen ist, *sagt* der Stifter unseres Glaubens. Die schwache Menschheit erblasste bei diesem Gebote, darum erklärte er sich deutlicher: *liebet euch untereinander.*

Aus *Philosophische Briefe*

Note

Seid vollkommen, wie euer Vater im Himmel vollkommen ist, *sagt* der Stifter unseres Glaubens.에서 *sagt*가 이 자리에 오는 것은 서술문에서 정동사는 문장의 2번째 위치에 오기 때문이다. 즉 Seid vollkommen, wie euer Vater im Himmel vollkommen ist, 이 부분 전체가 sagen동사의 '4격 목적어'라는 한 개의 문장성분으로 취급당한다. 바로 그 때문에 이 문장의 주어인 der Stifter unseres Glaubens는 정동사 *sagt*와 도치되어 그 뒤에 오게 된다.

23 인간의 전체 역사에서 마음과 정신을 위해, 그(=인간)의 실수들의 연대기보다 더 교육적인 장(章)은 없다.

In der ganzen Geschichte *des Menschen* ist kein Kapitel unterrichtender für Herz und Geist als *die Annalen* seiner Verirrungen.

Aus *Der Verbrecher aus verlorener Ehre*

Note

*die Annalen*은 복수형으로서 '연대기/연보'를 뜻한다.
*des Menschen*은 '종(種)으로서의 인간'이란 의미이다.

24 육체와 피가 아니라, 마음이 우리를 아버지들과 아들들로 만들어준다.

Nicht Fleisch und Blut,
das Herz macht uns zu Vätern und Söhnen.

Aus *Die Räuber*

25 아무도 타인과 같아지지 말고, 각자는 오히려 최고로 높은 자와 같아져라! 어떻게 그렇게 될 수 있는가? 각자는 자기완성을 이루어라.

Keiner sei gleich dem andern,
doch gleich sei jeder dem
Höchsten!
Wie das zu machen?
Es sei jeder vollendet in sich.

Note

*Wie das zu machen?*은 *Wie ist das zu machen?*의 줄인 형태이고, 'Wie kann das gemacht werden?'을 의미한다.

26 사람들은 내면적인 직관을 필요로 하면, 바깥의 눈에 결코 너무 많은 볼거리를 제공해선 안 된다.

Man muss dem äußeren Auge nie zu viel bieten, wenn man der inneren Anschauung bedarf.

(Notiert von der Schwägerin Karoline von Wolzogen)

27 시기는 날카로운 눈들을 갖고 있다.

Der Neid hat scharfe Augen.

Aus *Maria Stuart*

28 사람들은 (남의) 한 실수를 우아하게 나무라고,
(자신이 저지른 한 실수를) 품위 있게 고백해야 한다.

Man muss einen Fehler mit
Anmut rügen
und (einen Fehler) mit Würde bekennen.

Aus *Über Anmut und Würde*

29 정직이 있는 곳에, 동정과 도움이 또한 있다.

Wo Aufrichtigkeit ist,
ist auch Mitleid und Hilfe.

Aus *die Räuber*

30 증오를 증오로 대하면, 좋은 열매를 맺지 못한다.

Es bringt nicht gute Frucht,
wenn Hass dem Hass begegnet.

Aus *Maria Stuart*

31 행복하게 사랑하는 한 쌍에게는, 가장 작은 오막살이도 충분히 넓다.

Raum ist in der kleinsten
Hütte
Für ein glücklich liebend
Paar.

Aus *Der Jüngling am Bache*

Note

부부나 연인이 서로 사랑하기만 하면, 작은 오막살이도 행복에 아무런 장애가 될 수 없다는 뜻이다.

32 언어는 한 국가의 거울이다. 우리가 이 거울 안으로 들여다보면, 그것에서부터 우리 자신의 한 개의 크고 훌륭한 모습이 우리를 향해 다가온다.

Die Sprache ist der Spiegel
einer Nation.
Wenn wir in diesen Spiegel
schauen,
So kommt uns ein großes
treffliches Bild von uns selbst
daraus entgegen.

Aus dem Fragment *Deutsche Größe*

33 남자들은 원인들에 따라 심판하는 데 반해; 여자의 판단은 그녀의 사랑이 좌우한다: 그녀가 사랑하지 않는 곳에서는, 그녀는 이미 심판을 내려버렸다.

Männer richten nach Gründen;
des Weibes Urteil ist seine
Liebe:
Wo es nicht liebt, hat schon gerichtet
das Weib.

Aus *Epigramme und Votivtafeln*

Note

das Weib는 '여자'라는 의미이지만 중성명사이다.

34 오늘 기분이 좋은 것은 너의 행복이다, 그러나 그 행복이 수시로 변함을 두려워하라.

Dein Glück ist heute
gutgelaunt,
Doch fürchte seinen
Unbestand.

Aus *Der Ring des Polykrates*

Note

사람들의 기분이란 매 순간마다 변하므로, 항상 좋은 기분을 유지하도록 노력함을 통해서 우리는 항상 자신이 행복할 수 있도록 해야 할 것이며, 자신이 행복할 수 있도록 도와주는 주위의 사람들에게도 감사해야 할 것이다.

35 사람들은 정말 큰 한 개의 (자신의) 행복에 대해 그렇게 드물게 믿는다.

Man glaubt so selten an ein
recht großes Glück.

(An *den Rudolstädter Staatsbeamten Wilhelm Heinrich Karl von Gleichen-Rußwurm,* 1803)

Note

보통 사람들은 자신이 병이 없고, 납치되지 않았고, 가족들이 다 건강하다는 평범한 사실에 대해 별로 행복하다고 생각하지 않지만, 이것은 큰 잘못이다. 돈과 권력이 그렇게 많이 없더라도, 우리는 자신이 좋아하는 일에 몰두하면서 좋아하는 아름다운 음악을 즐기면서 욕심 부리지 않는 자족(自足)의 생활을 한다면 충분히 행복해질 수 있다.

36 사람들이란 행복 속에서 자신의 위대함을 보일 수 있지만, 불행 속에서만 자신의 고귀함을 보일 수 있다.

Groß kann man sich im
Glück, *erhaben nur im*
Unglück zeigen.

Aus *Über das Erhabene*

Note

아프가니스탄에서 탈레반에 의해 납치된 우리나라 여성 중에서 자신보다 더 아픈 사람을 위해 자신의 석방을 양보한 경우에서 불행 속에서도 고귀하게 행동할 수 있는 인간의 모범적 사례를 볼 수 있다고 하겠다.
*erhaben nur im Unglück zeigen*은 *erhaben kann man sich nur im Unglück zeigen*의 줄인 표현이다.

37 한 위대한 영혼의 소유자에게는 아무 것도 정의(正義)롭지 않음을 참는 것보다 더 견디기 어려운 것은 없다.

Nichts ist einer großen Seele unerträglicher
als Ungerechtigkeit zu dulden.

Aus *Die Sendung Moses*

38 사람들은 우리를 낮게 취급할 수는 있지만,
우리에게 굴욕감을 줄 수는 없다.

Man kann uns niedrig behandeln,
(aber) nicht erniedrigen.

Aus *Maria Stuart*

39 타인의 자유를 존중하라! 자신의 자유스러움도 보여주어라!

Schone fremde Freiheit!
Zeige selbst Freiheit!

Aus *Philosophische Briefe*

40 사상의 자유를 주십시오.—
인류의 잃어버린
고귀성을 다시 재건하세요!

Geben Sie Gedankenfreiheit.—
Stellen Sie der Menschheit
Verlorenen Adel wieder her!

Aus *Don Carlos*

41 산위에는 자유가 있네!
무덤의 냄새는
그 맑은 공기 속으로
올라오지 않는다네;
세계는 사람들이
그들의 고통을
가지고 오지 않으면
어디에서나
완전하다네.

Auf den Bergen ist Freiheit!
Der Hauch der Grüfte
Steigt nicht hinauf in die
reinen Lüfte;
Die Welt ist vollkommen
überall,
Wo der Mensch nicht
hinkommt mit seiner Qual.

Aus *Die Braut von Messina*

42 인간은 자유스럽게 창조되었다,
그리고 비록 속박 속에서
태어났다하더라도 인간은 자유이다.

Der Mensch ist frei
geschaffen, ist frei,
Und würd' er in Ketten geboren.

Aus *Die Worte des Glaubens*

43 단지 유용성에 의해서만 이 세상은 지배된다.

Nur vom Nutzen wird die Welt regiert.

Aus *Wallenstein (Wallensteins Tod)*

44 독일인들에게는 진리를 가능한 한/될 수 있는 대로 거칠게/속되게 말해 주어야한다.

Den Deutschen muss man die
Wahrheit *so* derb sagen *als* möglich.

(An *Johann Wolfgang von Goethe, 1799*)

Note

이 때 *als*는 *wie*처럼 사용되었다.

45 우리 모두를 심장이 조국으로 끌어당긴다.

Uns alle zieht das Herz zum Vaterland.

Aus *Don Carlos*

46 그것으로부터 무엇이 되든 간에 –
너의 민족의 편을 들어라!
그것이 너의 타고난 장소이다.

Was auch draus werde–
steh zu deinem Volk!
Es ist dein angeborner Platz.

Aus *Wilhelm Tell*

Note

*zu jm. stehen*은 '누구의 편을 들다'를 뜻한다.

47 모든 사람들을 위한 공간을 지구는 갖고 있다.

Raum für alle hat die Erde.

Aus *Der Alpenjäger*

48 각자(各自)는 자기 자신만을 사랑한다.

Es liebt ein jeder nur sich
selbst.

Aus *Die Braut von Messina*

49 무엇이 긴 연설의 짧은 의미인가?

Was ist der langen Rede
kurzer Sinn?

Aus *Wallenstein (Die Piccolomini)*

50 신(神)들조차도 어리석음과 헛되이 싸운다.

Mit der Dummheit kämpfen
Götter selbst vergebens.

Aus *Die Jungfrau von Orleans*

PART III.

건강에 관한 명언들

1 건강은 한 개의 상태라고 하기보다는 한 개의 태도이다. 그리고 그것(=건강)은 인생에 대한 기쁨이 함께 하면 활짝 더 피어난다.

Gesundheit ist weniger ein Zustand als eine Haltung und sie gedeiht mit der Freude am Leben.

(Thomas von Aquin)

2 주님 안에서 어디에서나 기뻐하라,
그리고 다시금 나는 말하노니: 기뻐하라!

Freuet euch in dem Herrn allewege, und abermals sage ich: Freuet euch!

(Philipper 4, 4)

3 건강은 재산보다 더 귀중하다. 한 개의 황금 침대마저도 병든 사람들에게는 거의 도움이 되지 않는다.

Gesundheit ist kostbarer als Reichtum. Selbst ein goldenes Bett hilft Kranken wenig.

Aus *Russland*

4 우리들의 각자(各自)안 에 있는 자연적 치유력은 다시 건강해지기 위한 가장 큰 힘이다.

Die natürliche Heilkraft in jedem von uns ist die größte Kraft, um wieder gesund zu werden.

(Hippokrates)

5 그의 영혼이 수고했기 때문에, 그는 빛을 볼 것이고, 충만함을 가질 것이다.

Weil seine Seele sich abgemüht hat,
wird er das Licht schauen
und die Fülle haben.

(Jesaja 53, 11)

6 하느님은 나를 힘으로 강하게 만들고, 나에게 옳은 길을 가리킨다.

Gott stärkt mich mit Kraft und weist mir den rechten Weg.

(2. Samuel 22, 33)

7 육체와 영혼이 분리되기 어려운 마당에, 육체를 위한 의사들과 영혼을 위한 의사들이 따로 존재한다는 것이 병들을 치료함에 있어서 가장 큰 실수이다.

Das ist aber der größte Fehler bei der Behandlung der Krankheiten, dass es Ärzte für den Körper und Ärzte für die Seele gibt, wo beides doch nicht getrennt werden kann.

(Platon)

8 한 인간이 할 수 있는 최고의 일은 그가 자신을 하느님으로부터 도움을 받을 수 있게 할 수 있다는 사실이다.

Das Höchste, was ein Mensch vermag, ist,
dass er sich von Gott helfen lassen kann.

(Sören Kierkegaard)

Note

형용사 최상급이 선행사로 오면, 관계대명사 *was*만 그것을 받을 수 있다.

9 참을성 있게 주님의 도움에 희망을 두는 것은 귀중한 일이다.

Es ist ein köstlich Ding, geduldig sein und auf die Hilfe des Herrn hoffen.

(Klagelieder 3, 26)

Note

원래는 Es ist ein *köstliches* Ding, geduldig *zu* sein und auf die Hilfe des Herrn *zu* hoffen.으로 되어야 한다. *köstlich*는 '고어(古語)'이며, '고양된 문체'(Gehobene Sprache)로서 '귀중한/소중한'이란 의미이다.

10 한 개의 작은 고통에 대해 그렇게 많이 한탄하지 마라; 운명이 그 작은 고통을 한 개의 더 큰 고통을 통해 치유할 수 있을 것이다.

Klage nicht so sehr über einen kleinen Schmerz; das Schicksal könnte ihn durch einen größeren heilen!

(Friedrich Hebbel)

11 모든 일들에서 감사하라; 왜냐하면 그것이 예수 그리스도 안에 있는 하느님의 너희들에 대한 뜻이기 때문이다.

Seid dankbar in allen Dingen; denn das ist der Wille Gottes in Christus Jesus an euch.

(1. Thessalonicher 5, 18)

12 사람들은 잠자러 갈 때에는 걱정들을 완전히 잊어버려야 한다.

Wenn man schlafen geht,
soll man die Sorgen in die Schuhe stecken.

Aus *Schweden*

13 내가 잠자러 누울 때에는 아무 걱정도 나를 괴롭히지 않는다, 나는 아주 편안하게 잠이 든다; 왜냐하면 주님인 네가 나를 안전하게 살게 하기 때문이다.

Mich quält keine Sorge, wenn ich mich niederlege,
ganz ruhig schlafe ich ein; denn du, Herr,
lässt mich in Sicherheit leben.

(Psalm, 4, 9(GN))

14 자기 자신이 건강하다고 여기는 병든 사람은 낫게 할 수가 없다.

Einen Kranken, der sich für gesund hält,
kann *man* nicht heilen.

(Henri Frédéric Amiel)

Note

*man*은 '사람들' 또는 '우리'로 번역되거나, 가끔 번역하지 않는 것이 더 자연스러울 때도 있다. 우리말에서는 목적어도 '테마'로 되어 강조되어 앞에 오면, 병든 *사람은*에서 보듯이 *을* 대신에 은을 사용하게 된다. 이것은 그 목적어부분이 테마로 되었음을 나타내는 징표이다.

15 예수님은 그것을 듣고 대답했다: 건강한 사람들은 의사가 필요 없고, 병든 사람들이 의사를 필요로 한다.

Jesus hörte es und antwortete:
Nicht die Gesunden brauchen den Arzt,
sondern die Kranken.

(Matthäus 9, 12(GN))

Note

*Nicht*는 문장전체를 부정하지 않고, 바로 뒤에 오는 문장성분인 die Gesunden만을 부정하는 '부분부정'이다.

16 가장 위험한 심장병들은 시기, 증오와 인색이다.

Die gefährlichsten Herzkrankheiten sind:
Neid, Hass und Geiz.

(Pearl S. Buck)

17 매일 탄식의 노래를 한 개 더 적게 부르고, 감사하는 내용의 노래를 한 개 더 많이 불러라. 그것이 도움이 된다.

Jeden Tag ein Klagelied weniger
und ein Dankelied mehr. Das hilft.

(Friedrich Bodelschwingh)

18 주님에게 감사하고, 너, 지존(至尊), 너의 이름을 찬양하는 것은 소중한 일이다.

Das ist ein köstliches Ding, dem Herrn zu danken
und lobzusingen deinem Namen, du Höchster.

(Psalm 92, 2)

Note

원문의 köstlich에 -es를 보충해주고, dem Herrn danken과 lobsingen에 zu를 보충하여 dem Herrn zu danken과 lobzusingen이라고 현대적 문체로 바꾸었다.

19 병은 좋은 점도 갖고 있다: 그것(=병)은 한 사람에게 다른 사람들에 대한 더 나은 직감/육감을 준다.

Krankheit hat auch ihr Gutes:
sie gibt einem ein besseres Gespür für andere.

(Cornelius Ryan)

20 인생에 대한 모든 걱정들을 버림으로써, 너를 위해 인생을 편안하게 만들어라!

Gestalte *dir* das Leben angenehm,
indem du *alle Sorgen darum* aufgibst.

(Seneca)

Note

*alle Sorgen darum*은 *sich sorgen um* '...에 대해 걱정하다'의 동사가를 그대로 전해 받았다. *das Leben*이 '신체의 일부나 의복'이 아니기 때문에, *dir*는 '소유의 3격'이 아니고, '이익의 3격'이므로 'für dich'로 해석된다.

21 절제와 평온을 통해 많은 병들은 치유된다.

Durch Enthaltsamkeit und Ruhe werden viele Krankheiten geheilt.

(Hippokrates)

22 예수님은 말씀하셨다: 나에게 오라, 너희 모든 힘든 자들과 무거운 짐 진 자들아, 그러면 내가 너희들에게 안식을 줄 것이다.

Jesus sprach: kommt her zu mir, alle ihr Mühseligen und Beladenen, und ich werde euch Ruhe geben.

(Matthäus 11, 28 (Elberfelder))

23 세상에 어떤 것도 웃음과 좋은 기분처럼 그렇게 잘 전파되는 것은 없다.

Nichts in der Welt wirkt so ansteckend
wie Lachen und gute Laune.

(Charles Dickens)

24 지혜의 증가는 분노의 감소에 따라 정확하게 측정되어진다.

Die Zunahme an Weisheit lässt sich genau
nach der Abnahme an Galle bemessen.

(Friedrich Nietzsche)

25 너무 자주 다른 사람들의 건강을 위해 건배하는 자는 그 때에 그 자신의 건강을 잃을 수 있다.

Wer zu oft auf die Gesundheit anderer trinkt,
kann seine eigene dabei verlieren.

(Josef Konrad Scheuber)

26 건강은 몸이 글을 쓰고 있는 것보다 춤을 추고 있는 것을 더 기꺼이 본다.

Die Gesundheit sieht es lieber,
wenn der *Körper* tanzt, als wenn *er* schreibt.

Note

*er*는 앞의 *der Körper*를 받는 '전방 지시사'(Anapher)이다.

27 대부분의 사람들은 그들의 병들로 인해 죽는 것이 아니라, 그들의 약들로 인해 죽는다.

Die meisten Menschen sterben *an ihren*
Arzneien, nicht an ihren Krankheiten.

(Jean Baptiste Molière)

Note

*sterben an*은 '어떤 병으로 죽다'이다.

28 치통을 갖고 있는 한 사람은 건강한 치아들을 가지고 있는 모든 사람을 행복하다고 여긴다.

Ein Mensch, der Zahnschmerzen hat,
hält jeden für glücklich,
dessen Zähne gesund sind.

(George Bermard Shaw)

29 병은 건강의 가치를 깨닫게 하고, 악은 선의 가치를, 배고픔은 배부르게 하는 것의 가치를, 피로는 휴식의 가치를 깨닫게 한다.

Krankheit lässt den Wert der Gesundheit erkennen,
das Böse den Wert des Guten,
Hunger *die Sättigung,*
Ermüdung den Wert der Ruhe.

(Heraklit)

Note

*die Sättigung*은 *den Wert der Sättigung*을 줄인 표현이다.

30 우리 인생의 전반기에 우리는 돈을 벌기위해 건강을 희생한다. 후반기에 우리는 건강을 다시 얻기 위해 우리의 돈을 희생한다.

In der ersten Hälfte unseres Lebens
opfern wir die Gesundheit, um Geld zu erwerben.
In der zweiten Hälfte opfern wir unser Geld,
um die Gesundheit wiederzuerlangen.

(Voltaire)

31 건강은 소금과 같다: 그것이 결핍되었을 때에만, 사람들은 그 사실을 깨닫는다.

Die Gesundheit ist wie das Salz:
Man bemerkt nur, wenn es fehlt.

(Aus Italien)

Note

Man bemerkt 다음에 *das*가 생략되었음을 알 수 있다.

32 영혼을 위해 가장 좋은 두 비타민들은:
사랑하기와 사랑받기이다.

Die zwei besten Vitamine für die Seele sind:
Liebe geben und Liebe nehmen.

(Alexander Peniuk)

33 네가 한 개의 마음의 상처를 갖고 있다면, 한 개의 아픈 눈에 대해서처럼, 그것을 그렇게 드물게 건드려라!

Hast du eine Herzenswunde, so berühre *sie*
so wenig wie ein krankes Auge.

(Pythagoras)

Note

*Hast du eine Herzenswunde*는 *Wenn du eine Herzenswunde hast*에서 *Wenn*을 생략할 때의 부문장 형태이다.

34 기쁨은 건강에 좋은 한 개의 음식물이다.

Freude ist eine gesunde Kost.

(Chinesisches Sprichwort)

35 두 발이 달릴 수 있고, 두 팔이 굽혀지고, 두 눈이 볼 수 있고 그리고 두 귀가 들을 수 있다면, 우리는 그런데도 누구를 시기해야한단 말인가? 그리고, 왜?

Wenn die Füße laufen, die Arme sich beugen, die Augen sehen und die Ohren hören können, wen sollten wir dann beneiden? Und warum?

(Alexander Solschenizyn)

36 사람들은 고통이 있을 때마다 아주 많이 한탄하고, 아무런 고통을 느끼지 않을 때에는 아주 드물게 기뻐한다.

Man klagt so sehr bei jedem Schmerz
und freut sich so selten,
wenn man keinen fühlt.

(Georg Christoph Lichtenberg)

37 영혼의 고통들에 대해서는 단지 두 개의 치료약이 있을 뿐이다: 희망과 인내.

Gegen Schmerzen der Seele gibt es
nur zwei Heilmittel: Hoffnung und Geduld.

38 의학적 연구는 너무나 거대한 발전들을 이루었다, 그 결과 실질적으로 건강한 사람은 더 이상 아무도 존재하지 않는다.

Die medizinische Forschung hat *so* enorme Fortschritte gemacht, *dass* es praktisch überhaupt keinen gesunden Menschen mehr gibt.

(Aldous Huxley)

Note

so..., *dass*는 '너무...해서 그 결과로 ...이다'를 뜻한다.

39 그 다음에 예수님은 모두에게 말했다: 주의하라! 모든 종류의 소유욕을 조심하라! 왜냐하면 한 인간의 생명은, 비록 이것(=그의 재산)이 그렇게 많다 할지라도, 그의 재산에 의해 좌우되지 않기 때문이다.

Dann sagte Jesue zu allen: Gebt acht! Hütet euch vor jeder Art von Habgier! Denn das Leben eines Menschen hängt nicht von seinem Besitz ab, auch wenn dieser noch so groß ist.

(Lukas 12, 15(GN))

40 가장 좋은 의사들은 '의사 자족', '의사 태연'과 '의사 즐거운 마음'이다.

Die besten Doktoren sind Dr. Genügsam,
Dr. Gelassen und Dr. Frohmut.

(Charles Haddon Spurgeon)

41 건강한 자는 많은 소원들을 갖고 있지만, 병든 자는 단지 한 개의 소원만을 갖고 있다.

Der Gesunde hat viele Wünsche,
der Kranke aber nur einen.

(Sprichwort)

42 그리고 예수님은 그에게 말했다: 너는 내가 너를 위해 무엇을 해주기를 원하는가? 그 맹인 남자는 그에게 말했다: 선생님, 내가 볼 수 있게 해주세요. 예수님은 그러나 그에게 말했다: 가라, 너의 믿음이 너를 도왔다. 그리고 곧 그는 보게 되었고, 그의 뒤를 좇아 따라갔다.

Und Jesus sprach zu ihm: Was willst du, dass ich für dich tun soll? Der Blinde sprach zu ihm: Rabbuni, dass ich sehend werde. Jesus aber sprach zu ihm: Geh hin, dein Glaube hat dir geholfen. Und sogleich wurde er sehend und folgte ihm nach auf dem Wege.

(Markus 10, 51-52)

43 인생의 한가운데에서 하느님은 인식되어야 한다, 즉 건강하고 힘이 있을 때, 그리고 뒤늦게 고통 속에서 비로소 하느님이 인식되어서는 안 된다.

Mitten im Leben muss Gott
erkannt werden, in Gesundheit und Kraft
und nicht erst im Leiden.

(Dietrich Bonhoeffer)

44 **그가 발견될 수 있는 동안에, 주님을 찾아라; 그가 가까이 있는 동안에 그의 은총을 간구하라.**

Suchet den Herrn, solange er *zu finden ist*;
rufet ihn an, solange er nahe ist.

(Jesaja 55, 6)

Note

*ist zu finden*은 'kann gefunden werden'의 의미이다.

45 **모든 것은 너무나 빠르게 지나가버린다,**
그리고 우리는 더 이상 존재하지 않는다!
우리가 (진리를) 통찰하기 시작하도록,
우리 인생이 얼마나 짧은지 깨닫게 하라!

Wie schnell ist alles vorbei und wir sind nicht mehr!
Lass uns erkennen, wie kurz unser Leben ist,
damit wir *zur Einsicht kommen*!

(Psalm 90, 10-12(GN))

Note

*zur Einsicht kommen*은 '기능동사구문'(Funktionsverbgefüge)으로서 *einsehen* ('통찰하다')의 의미에 '동작태'(Aktionsart) '시작'의 의미가 추가된다. 즉 '(진리를) 통찰하기 시작하다'라는 의미이다.

46 **좋은 건강과 나쁜 기억력을 갖고 있는 자는 행복하다.**

Glücklich ist, wer *eine* gute Gesundheit
und *ein* schlechtes Gedächtnis hat.

(Albert Schweitzer)

Note

독일어의 부정관사는 '분류'(Klassifizierung)의 역할을 수행하지만, 우리말에서는 '한'으로 번역하면 어색하다.

47 나는 지나간 일은 잊어버리고, 앞으로 다가올 일을 대비한다.

Ich vergesse, *was* dahinten ist, und strecke mich aus nach *dem, was* da vorne ist.

(Philipper 3, 13)

Note

앞의 *was*는 '선행사가 없는 관계대명사 주격'으로서 '사물'을 나타내고, 뒤의 *was*는 그 앞의 지시대명사 *dem*을 선행사로 삼는 '관계 대명사 주격'이다.

48 큰 걱정들에 대한 한 개의 약이 있다: 작은 기쁨들.

Es gibt eine Medizin gegen große Sorgen: kleine Freuden.

(Kalenderspruch)

49 그리고 걱정하지 마라; 왜냐하면 주님에 대한 기쁨이 너희들의 장점이기 때문이다.

Und seid nicht bekümmert; denn die Freude am Herrn ist eure Stärke.

(Nehemia 8, 10c)

50 한 병자에게 호흡이 붙어 있는 동안은, 아직 희망이 있다.

Solange einem Kranken Atem innewohnt, gibt es noch Hoffnung.

(Cicero)

Note

*jm. innewohnen*은 '...에 내재하여 있다/깃들어 있다'라는 의미이다.

51 하느님, 무엇이 행복입니까? 보리/옥수수를 거칠게 간 수프, 한 개의 숙소와 육체적 고통이 없음 – 그것이면 이미 충분하다.

Gott, was ist Glück! Eine Grießsuppe,
eine Schlafstelle und keine körperlichen
Schmerzen – das ist schon viel.

(Theodor Fontane)

52 우리가 이 세상에 무엇을 갖다 주었는가? 아무 것도 가져다주지 않았다. 우리는 또 이 세상에서 무엇을 가져갈 수 있겠는가? 아무 것도 가져갈 수 없다. 그러므로 우리가 먹을 양식과 입을 옷을 갖고 있다면, 그것으로 충분하리라.

Was haben wir in die Welt mitgebracht? Nichts! Was können wir aus der Welt mitnehmen? Nichts! Wenn wir also Nahrung und Kleidung haben, soll uns das genügen.

(1. Timotheus 6, 7-8(GN))

53 그의 방의 관상식물들이 말라 죽어버린 한 의사는 결코 신뢰하지마라!

Vertraue niemals einem Arzt,
dessen Zimmerpflanzen *vertrocknet sind*.

(Aus Irland)

Note

*sind vertrocknet*는 '상태의 변화'를 나타내므로 *sein*과 현재완료형을 만들었다.

54 너희들은 우리들의 하느님이시고, 영원히 우리들의 반석이신 주님을 영원히 신뢰하라.

Setzt *für immer* das Vertrauen auf den Herrn,
der unser Gott ist, unser Fels *für alle Zeiten*.

(Jesaja 26, 4(GN))

Note

*für immer*와 *für alle Zeiten*은 둘 다 '영원히'를 의미한다.

55 사람들은 병이 들어서야 비로소 건강을 소중히 여기듯이, 배가 고파서야 비로소 음식의 가치를 알게 된다.

Man schätzt die Nahrung erst,
wenn man hungrig ist, so wie man die
Gesundheit erst schätzt, wenn man krank ist.

(Sprichwort)

56 우리는 분노/짜증을 가지고 보내는 일 분(一 分)마다 행복한 60초를 허송하게 된다.

In jeder Minute,
die man mit Ärger verbringt,
versäumt man sechzig glückliche Sekunden.

(William S. Maugham)

57 절제와 휴식을 통해 많은 병들은 치유된다.

Durch Enthaltsamkeit und Ruhe werden viele Krankheiten *geheilt*.

(Hippokrates)

Note

*heilen*은 여기에서는 타동사로서 '치유하다'의 의미이고, 자동사는 '치유되다'로서 *sein*과 결합하여 완료형을 만든다: (1) *Davon bin ich für immer geheilt.* (다시는 그런 일을 하지 않을 것이다.); (2) *Die Wunde heilt.* (상처가 낫는다.) (모델, 917쪽)

58 쾌유의 선물에 대한 감사가 순간의 고통과 불안을 경감시켜준다.

Dankbarkeit für das Geschenk
der Genesung *erleichtert* den Schmerz
und die Angst des Augenblicks.

(Roland Leonhardt)

Note

*erleichtern*은 '*leichter machen*'의 의미이다.

59 1 그람의 사랑은 일 톤의 약보다 더 많은 치유력(治癒力)을 갖고 있다.

Ein Gramm Liebe hat mehr Heilkraft
als eine Tonne Medizin.

(Kalenderspruch)

60 하느님의 구원하는 사랑이 온 세상에 드러났다. 그것(=하느님의 구원하는 사랑)은 모든 사람에게 적용된다.

Die rettende Liebe Gottes ist offenbar geworden.
Sie gilt allen Menschen.

(Titus 2, 11(GN))

61 건강이 분명히 모든 것은 아니다, 그러나 건강 없이는 모든 것이 아무 것도 아니다.

Gesundheit ist gewiss nicht alles,
aber ohne Gesundheit ist alles nichts.

(Arthur Schopenhauer)

62 희망이란: 선(善)의 가능성을 기대하는 것이다; 선(善)의 가능성이란 영원한 것이다.

Hoffen heißt:
die Möglichkeit des Guten erwarten;
die Möglichkeit des Guten ist das Ewige.

(Sören Kierkegaard)

63 왜냐하면 우리는 정말 구원받았다, 그렇지만 그 구원은 희망을 전제로 한다. 사람들이 볼 수 있는 희망은 그러나 희망이 아니다; 그 이유는 볼 수 있는 것을 어떻게 우리가 희망할 수 있겠는가?

Denn wir sind zwar gerettet, doch *auf Hoffnung*. Die Hoffnung aber, die man sieht, ist nicht Hoffnung; denn wie kann man auf das hoffen, was man sieht?

(Römer 8, 24)

Note

*auf Hoffnung*에서 전치사 *auf*는 '전제 또는 조건'을 나타낸다.

64 기분전환은 대부분의 고통들에 대해 한 개의 좋은 약이다.

Abwechselung ist eine gute Medizin
für die meisten Leiden.

(Christine von Schweden)

65 자신의 일에 너무 많이 몰두하는 사람은 남을 사랑하는 데 있어서는 뒤진다.

Wer sich zu viel mit sich selbst beschäftigt,
lässt nach in der Liebe.

(Thomas von Kempen)

66 한 사람이 전혀 가지를 않는다면(=아무 일도 시도조차 하지 않는다면), 그에게는 어떤 일도 잘 될 수 없다.

Es kann dem Menschen nicht gut gehen,
wenn er überhaupt nicht geht.

(Englisches Sprichwort)

67 확고한 걸음으로 옆길로 빠지는 것보다는, 옳은 길 위에서 절뚝거리며 걷는 것이 더 좋다.

Besser ist ***es***, *hinkend auf*
dem rechten Weg zu gehen,
als mit einem festen Schritt abseits.

(Augustinus)

Note

*Besser*를 테마로 강조하기 위해 문두에 두었다. ***es***는 뒤에 오는 *hinkend auf dem rechten Weg zu gehen*을 주문장에서 미리 받아주는 '상관사'(Korrelat)로서 'Katapher'(후방 지시사)이다.

68 **유머는 가장 값이 싸고, 그리고 가장 쉽게 복용될 수 있는 약이다.**

Humor ist die Medizin,
die am wenigsten kostet
und am leichtesten einzunehmen ist.

(Giovanni Guareschi)

69 **인내는 많은 상처들을 위한 한 개의 반창고이다.**

Geduld ist ein Pflaster für viele Wunden.

(Miguel de Cervantes)

70 **너희는 농부가 그의 토지가 소중한 곡물을 산출할 때까지 얼마나 인내심을 가지고 그것을 기다리는지를 보아라! 그는 우선 가을비와 봄비가 땅위에 떨어져야한다는 사실을 알고 있다. 너희들도 또한 인내심을 가져야 한다.**

Seht, wie geduldig der Bauer *darauf* wartet, *dass sein Land das kostbare Getreide hervorbringt!* Er weiß, dass erst der Herbstregen und der Frühlingsregen auf das Land fallen
müssen. Auch ihr müsst Geduld haben!

(Jakobus 5, 7-8)

Note

*darauf*는 *dass sein Land das kostbare Getreide hervorbringt*를 주문장에서 미리 가리키는 '생략할 수 없는 상관사'이다.

71 사랑과 기침은 사람들이 숨길 수 없다.

Die Liebe und den Husten

kann man nicht verstecken.

(Josef Konrad Scheuber)

Note

4격 보충어인 *Die Liebe und den Husten*을 문두에 두어 테마로 삼았다. 서술문에서 정동사가 2번째에 오므로, 그 다음에 kann이 오게 되었다.

72 류머티즘과 참된 사랑에 대해 사람들은 그것을 당해보아야 비로소 믿게 된다.

An Rheumatismus und

wahre Liebe glaubt man erst,

wenn man davon befallen wird.

(Marie von Ebner-Eschenbach)

73 우리가 감사하는 법을 배웠으면, 우리들의 신앙은 건전하다.

Unser Glaube ist gesund,

wenn wir das Danken gelernt haben.

(Friedrich von Bodelschwingh)

74 너희들은 언제나, 모든 것에 대해 하느님 아버지에게 우리 주님, 예수 그리스도의 이름으로 감사하라.

Dankt Gott, dem Vater, zu jeder Zeit für alles

im Namen unseres Herrn Jesus Christus.

(Epheser 5, 20(GN))

75 한계들이란 없고, 단지 가능성들만 있을 뿐이다.

Es gibt keine Grenzen –
nur Möglichkeiten.

(Alexandra Stoddard)

76 왜냐하면 하느님에게는 불가능한 일이란 없다.

Denn bei Gott ist kein Ding unmöglich.

(Lukas 1, 37)

77 행복과 고통 없는 상태를 우리는 감사하는 마음으로 받아들이고 즐겨야만 하지, 결코 요구해서는 안 된다.

Glück und Schmerzlosigkeit
müssen wir dankbar annehmen und genießen,
aber nie fordern.

(Wilhelm von Humboldt)

78 비록 내 몸과 영혼이 갈증과 굶주림으로 고생하고 죽어갈지라도, 하느님, 너는 정말 언제나 내 마음의 위안이자 나의 일부이다.

Wenn mir *gleich* Leib und Seele verschmachtet,
so bist du *doch*, Gott, allezeit meines
Herzens Trost und mein Teil.

(Psalm 73, 26)

Note

*doch*는 '알려져 있는 사실이지만 잊혀 왔던 사실을 상기시켜주는' 화행적 의미를 갖고 있다. *Wenn...gleich*는 *Wenn....auch*와 그 의미가 같다.

79 한 번의 진심어린 웃음과 한 번의 긴 잠은 가장 좋은 치료제들이다.

Ein herzhaftes Lachen
und ein langer Schlaf
sind die besten Heilmittel.

(Aus Irland)

80 그의 친구들에게 하느님은 잠자는 동안에 모든 것을 준다.

Seinen Freunden gibt Gott alles im Schlaf!

(Psalm 127, 2c(GN))

81 얼마 전에 심한 고통들을 극복했거나, 또는 다시 건강을 향유하기 시작하는 모든 사람의 가슴은 활짝 열려있다.

Das Herz eines jeden steht
weit offen, der kürzlich schwere Schmerzen
überwunden hat oder die Gesundheit
wieder zu genießen beginnt.

(Jane Austen)

82 보아라, 내가 그들을 치유하여 건강하게 만들 것이고, 그들에게 지속적인 평화를 베풀어 주겠다.

Siehe, ich will sie heilen und gesund machen und will ihnen dauernden Frieden gewähren.

(Jeremia 33, 6)

83 포기하지 말 것!
인간이 이미 오래전에 아무런 가능성이 없다고 생각하는 곳에서도, 하느님은 아직 가능성들을 갖고 있다.

Nicht aufgeben!
Gott hat auch *dort* noch Möglichkeiten,
wo der Mensch schon lange *keine* mehr sieht.

(Josef Kentenich)

Note

*wo*는 *dort*라는 부사를 받아주는 '관계부사'이다.
*keine*는 *keine Möglichkeiten*을 줄인 표현이다.

84 주님은 대답했다: 나는 모든 인간들의 하느님인 주님이다. 나에게 불가능한 일이 있을 수 있겠는가?

Der Herr antwortete: Ich bin der Herr, der Gott aller Menschen. Sollte mir etwas unmöglich sein?

(Jeremia 32, 27(GN))

85 우리가 과도하게 추구하는 기쁨들, 그 기쁨들은 고통들로 된다.

Die Freuden, die man übertreibt,
die Freuden werden Schmerzen.

(Friedrich Justin Bertuch)

86 한 건강한 육체는 한 명랑한 영혼과 즐겨 짝짓기 되어있고자 한다.

Ein gesunder Körper ist gerne
gepaart mit einer heiteren Seele.

(August von Kotzebue)

87 건강과 병은 배에서 온다.

Gesundheit und Krankheit
kommt vom Bauch.

(Chinesisches Sprichwort)

88 웃음은 치아들을 깨끗하게 한다.

Lachen reinigt die Zähne.

(Afrikanisches Sprichwort)

89 한 좋은 의사는 병에서부터는 늘 구해주지 않을지도 모르지만, 한 나쁜 의사로부터는 구해준다.

Ein guter Arzt rettet,
wenn nicht immer von der Krankheit,
so doch von einem schlechten Arzte.

(Jean Paul)

90 영혼의 안식, 명랑성과 만족감은 모든 행복과 모든 건강과 장수(長壽)의 토대들이다.

Seelenruhe, Heiterkeit und
Zufriedenheit sind die Grundlagen *alles* Glücks,
aller Gesundheit und *des langen* Lebens.

(Christian Wilhelm Hufeland)

Note

*aller*는 '정관사'처럼 어미변화를 하는 '지시 관사'(Demonstrativartikel)이므로, 2격에서 *alles*로 되었고, 형용사 *lang*은 정관사 뒤에서는 형용사의 약변화를 하므로 *des langen*으로 되었다.

91 균형 잡힌 감각은 육체를 건강하게 유지시켜준다; 그러나 질투는 한 개의 암종(癌腫)과 같은 것이다.

Ein ausgeglichener Sinn erhält den Körper gesund;
aber Eifersucht ist wie eine Krebsgeschwulst.

(Sprüche 14, 30(GN))

92 모든 것을 하느님은 할 수 있지만, 단 한 가지만은 할 수 없다: 온 마음으로 그를 믿는/신뢰하는 사람들을 실망시키는 것.

Alles kann Gott, nur eines nicht:
die enttäuschen, *die sich* von
ganzem Herzen *auf ihn verlassen*.

(Ernst Modersohn)

Note

- 앞의 *die*는 '지시 대명사'이고 뒤에 오는 관계문의 내용을 가진 사람들을 미리 소개해 주고 있는 '후방 지시사'이다. 나중의 *die*는 '관계 대명사'로서 앞에 나온 지시 대명사 *die*가 나타내는 사람들을 구체적으로 설명해주는 '전방 지시사'(Anapher)이다.
- *sich verlassen auf jn.*은 '누구를 믿다'라는 의미이다.
- Alles kann Gott, nur eines nicht: *die* enttäuschen은 결국 'Gott kann die nicht enttäuschen'을 뜻한다.

93 너의 운명을 하느님의 손에 맡겨두어라; 그를 믿어라, 그가 그것(=너의 운명)을 옳게 만들어준다.

Leg dein Schicksal in Gottes Hand;
verlasse dich auf ihn, er macht es richtig!

(Psalm 37, 5(GN))

Note

';' 다음에 오는 문장은 '소문자'로 시작되므로, *verlasse dich auf ihn*의 *verlasse*가 소문자이다.

94 파도가 한 난파선을 (해안가의) 언덕으로 몰고 가듯이, 육체의 고통들과 영혼의 불안이 우리를 기도로 몰고 간다. 하늘나라의 큰 피난 항구가 기도이다.

Schmerzen des Körpers oder Angst der Seele treiben uns zum Gebet, wie die Wellen ein Wrack ans Ufer treiben. Der große Zufluchtshafen des Himmels ist das Gebet.

(Charles Haddon Spurgeon)

95 위기에 처하면 나에게 은총을 간청하라, 그러면 내가 너를 구해주겠다, 그리고 너는 나를 찬양해야 할 것이다.

Rufe mich an in der Not, so will ich dich erretten,
und du sollst mich preisen.

(Psalm 시편 50, 15)

Note

*jn. anrufen*은 'jn. um Hilfe/Rat bitten 누구에게 도움/조언을 간청하다'의 의미를 갖고 있다. 이 때 *mich*가 'Gott 하느님'이므로 '하느님에게 은총을 간구하다'라는 의미가 가장 적당하다.

96 규칙적으로 운동을 해주는 사람은 일상의 짜증을 더 잘 극복/해결한다.

Wer *sich regelmäßig Bewegung verschafft*,
wird mit dem Alltagsärger besser fertig.

(Catherine Houch)

Note

*sich*는 3격이고, *Bewegung*은 4격이다. 그러나 Wer *sich regelmäßig bewegt*로 고치면, *sich*는 4격으로 되고, *sich bewegen*은 '유연(有緣) 재귀 구조'(motivierte Reflexivkonstruktion)이다. 다시 말해 '4격 보충어'로 오는 명사 대신에 *sich*('자기 자신')가 왔을 뿐이다.

97 기쁜 마음이 최선의 약이다; 의기소침한 기분은 사지(四肢)를 완전히 메마르게 한다.

Ein fröhliches Herz ist die beste Arznei;
ein gedrücktes Gemüt dörrt das Gebein aus.

(Sprüche 17, 22)

98 한 성인 남자의 발걸음들이 확고해지고, 그가 자신이 가는 길을 좋아하게 된다면, 그것은 주님으로부터 비롯된다.

Von dem Herrn kommt *es*,
wenn eines Mannes Schritte fest werden,
und er hat Gefallen an seinem Wege.

(Psalm 37, 23)

Note

*Mann*은 '성인 남성'과 '남편'의 의미가 있으나, 여기에서는 전자(前者)를 뜻한다. *es*는 *wenn* 이하를 주문장에서 미리 받아주는 '후방 지시사'로서 '상관사'(相關辭)(Korrelat)이기도 하다.

99 너의 영혼을 괴롭히는 필요 없는 짐을 매일 버려라 – 두려움, 노여움, 실망, 게으름.

Wirf jeden Tag Ballast ab,
der deine Seele beschwert – eine Furcht,
einen Ärger, eine Enttäuschung, eine Trägheit.

(Henri Tisot)

100 모든 너희들의 걱정을 그(=주님)에게 버려라; 왜냐하면 그(=주님)가 너희를 돌보아주기 때문이다.

Alle eure Sorge werft auf ihn;
denn er sorgt für euch.

(1. Petrus 5, 7)

PART IV.

결혼에 관한 명언들

1 당신은 인생의 폭풍우들을 견뎌내는 한 개의 관계를 구축할 수 있다.

Sie können eine Beziehung aufbauen,
die den Stürmen des Lebens standhält.

2 이제 믿음, 희망, 사랑, 이 세 가지만 남는다. 그러나 사랑이 그들 가운데 가장 위대한 것이다.

Nun aber bleiben Glaube, Hoffnung, Liebe, diese drei.
Aber die Liebe ist die größte unter ihnen.

(1. Korinther 13, 13)

3 한 개의 성공한 결혼을 위한 처방: 당신이 결혼하기 전에는 두 눈을 크게 뜨고 있고, 이미 결혼을 했으면, 눈을 반쯤 감고 있으라.

Das Rezept für eine gelungene Ehe:
Halten Sie die Augen weit offen, bevor Sie heiraten,
und halb geschlossen, wenn Sie verheiratet sind.

4 각자는 자신의 부인을 자기 자신처럼 사랑하라; 부인은 남편을 존경하라.

Ein Jeder *habe lieb* ***seine Frau wie sich selbst***;
die Frau aber ehre *den Mann*.

(Epheser 5, 33)

Note

- *lieb haben*은 '사랑하다'이고, *habe*는 '접속법 1식'으로서 '3인칭 단수에 대한 명령'의 기능을 가지고 있다. *lieb*의 원래 어순은 Ein Jeder *hat* seine Frau wie sich selbst *lieb*으로 제일 뒤에 와야 되지만, ***seine Frau wie sich selbst***를 '레마'(Rhema)로 강조하기 위해 *lieb*보다 후치했음.
- *der Mann*은 '성인 남성' 또는 '남편'을 뜻하지만, 여기에서는 '남편'의 의미이다.

5 **남편들과 부인들아, 너희들이 서로 다르다는 사실을 기뻐하라, 그리고 남성적 성격과 여성적 성격이 서로 충돌하면, 타협하는 것을 배워라!**

Ehemänner und Ehefrauen,
freut euch an eurer Verschiedenheit
und lernt, Kompromisse zu schließen,
wenn die männliche und die weibliche Natur
miteinander kollidieren!

6 **갓 결혼한 부부는 그들의 공동생활을 예수님을 향해 방향을 설정하라, 그리고 이것이 계속 그렇게 유지되도록 주의하라. 다른 모든 것은 이 기초에 좌우된다.**

Frisch Verheiratete sollten ihr gemeinsames Leben
auf Jesus ausrichten und dafür sorgen,
dass dies auch so bleibt.
Alles andere hängt von diesem Fundament ab.

Note

*alles*는 원래 '부정(不定) 대명사'로서 명사가 아니라 대명사이므로 소문자가 원칙이지만, 여기에서는 문두에 왔으므로 대문자이다.

7 **두 사람 다 깊이 확신하고 있는 기독교인들인 부부는 아무런 종교적 차원의 관계를 갖고 있지 않는 부부들에 비해 엄청나게 큰 장점들을 갖고 있다.**

Ehepartner, die beide zutiefst überzeugte Christen sind, haben
enorme Vorteile gegenüber solchen Ehepaaren, deren
Beziehung keine geistliche Dimension hat.

8 한 개의 이행된 기도생활은 그리스도중심의 결혼과 가족의 구축과 유지를 위해 대체될 수 없는 것이다.

Ein erfülltes Gebetsleben
ist für den Aufbau und Erhalt einer
christozentrischen Ehe und Familie unersetzlich.

9 가족구조에 대한 기도의 의미와 영향들은 아무리 강조해도 지나치지 않는다.

Man kann die Bedeutung und die Auswirkungen
des Gebets auf die Familienstruktur
gar nicht überbetonen.

10 예수 그리스도에 대한 개인적 관계는 모든 결혼의 주춧돌이다. 그것이 인생의 모든 영역에 의미와 목표를 부여한다.

Eine persönliche Beziehung zu Jesus Christus
ist der Eckstein jeder Ehe.
Sie verleiht jedem Bereich des Lebens
Sinn und Ziel.

11 한 쌍의 부부가 매일의 시작 또는 끝에 하느님 앞으로 나아간다면, 그렇게 하지 않았다면 결코 언어로 표현되지 못했을 감정들과 걱정들이 표현될 수 있다.

Wenn ein Ehepaar am Beginn oder Ende
jedes Tages zusammen vor Gott tritt,
können Gefühle und Sorgen
zum Ausdruck gebracht werden,
die sonst vielleicht nie zur Sprache kämen.

12 그들의 매일의 생활을 성경의 발언들에 토대를 두는 부부들은 이렇게 하지 않는 그런 부부들에 비해 한 개의 대단히 큰 이점을 갖고 있다. 왜냐하면 성경을 통해 우리는 하느님 – 이해할 수 없는 생명의 원천이신 – 의 생각들을 통찰할 수 있게 되기 때문이다.

Paare, die ihr tägliches Leben
auf die Aussagen der Bibel stützen,
haben einen Riesenvorteil gegenüber solchen,
die dies nicht tun.
Denn durch die Bibel können wir Einblick
in die Gedanken Gottes gewinnen –
eine unfassbare Lebensquelle.

13 나는 그러나 너의 힘을 노래하고, 아침에는 너의 호의를 찬양하고자 한다; 왜냐하면 너는 내가 위기/곤경에 처했을 때 나에게 보호막이고 도피처이기 때문이다.

Ich aber will von deiner Macht singen
und des Morgens rühmen deine Güte;
denn du bist mir Schutz und Zuflucht in meiner Not.

(Psalm 59, 17)

14 전 세계의 창조주는 우리들에게 그의 전적으로 개인적인 결혼을 위한 사용 설명서를 주도록 결정했다. 결혼과 부모라는 신분은 그의 착상들이었다, 그리고 성경에서 그는 우리들에게 어떻게 하면 그 공동 생활이 평화와 조화 안에서 성공할 수 있는지를 알려주고 있다.

Der Schöpfer der ganzen Welt hat beschlossen,
uns seine ganz persönliche Gebrauchsanweisung
für die Ehe zukommen zu lassen.
Heirat und Elternschaft waren seine Ideen,
und in der Bibel teilt er uns mit,
wie das Zusammenleben in Frieden und Harmonie
gelingen kann.

15 모든 인간 상호간의 테마 – 돈의 취급에서부터 성(性)에 대한 태도까지 – 는 성경에서 토론 된다, 그리고 모든 발언은 하느님의 개인적 서명을 지니고 있다. 왜 우리는 모든 정보의 원천들 중에서 제일 좋은 이 원천을 무시할 정도로 어리석어야한 단 말인가?

Jedes zwischenmenschliche Thema –
vom Umgang mit Geld
bis hin zu sexuellen Verhaltensweisen –
wird in der Bibel diskutiert, und jede Aussage
trägt die persönliche Unterschrift Gottes.
Warum sollen wir so dumm sein,
diese beste aller Informationsquellen zu mißachten?

16 한 기독교적 인생양식은 한 개의 결혼에 안정성을 갖추어준다 – 성경의 원칙들이 시종일관 실현되고, 생명으로 채워지면, 이것들('성경의 원칙들')이 피할 수 없게 그 결과로서 조화를 가져다준다는 단지 그 이유 때문에.

Ein christlicher Lebensstil verleiht einer Ehe Stabilität –
einfach weil die Prinzipien der Bibel,
wenn sie konsequent verwirklicht
und mit Leben gefüllt werden,
unvermeidlich Harmonie zur Folge haben.

17 이것은 나의 명령이다:
너희는, 내가 너희를 사랑했던 것처럼, 그렇게 서로를 사랑해야 한다.

Dies ist mein Gebot:
Ihr sollt einander so lieben, wie ich euch geliebt habe.

(Johannes 15, 12(GN))

Note

*so..., wie*는 '같은 정도'를 표현한다.

18 어떤 대가를 지불하고서라도, 함께 남으려는 확고한 의지가 결핍된 한 결혼 관계는 압착 판지 널빤지들로 된 한 다리와 같다: 그것은 정말 견고한 것처럼 보이지만, 그러나 심한 하중을 받으면, 그것은 무너진다, 그리고 그 토대는 산산조각난다.

Eine eheliche Beziehung, der der eiserne Wille fehlt,
um jeden Preis zusammenzubleiben,
ist wie eine Brücke aus Pressspanplatten:
Sie scheint recht stabil,
doch wenn sie ernsthaft belastet wird,
gibt sie nach, und das Fundament bröckelt.

19 최소한 당신의 결혼예배 동안에는 당신은 함께 무릎을 꿇었고 기도를 했다. 당신은 오늘 또 다시 힘과 안정성의 이 원천으로 돌아 오십시요!

Zumindest während Ihres Traugottesdienstes haben Sie sich gemeinsam hingekniet und gebetet. Kehren Sie noch heute zu dieser Quelle der Kraft und Stabilität zurück!

20 시간과 더불어 축적되는 자질구레한 일상의 작은 문제들이 상황에 따라서는 인생의 큰 폭풍들보다 한 개의 결혼생활을 더 심하게 위태롭게 할 수 있다.

Kleine Alltagsproblemchen,
die sich mit der Zeit ansammeln,
können eine Ehe unter Umständen stärker gefährden
als die großen Stürme des Lebens.

21 모든 결혼에 있어서 부부가 서로를 특히 잘 견뎌낼 수 없는 시기들이 있다는 사실을 명확히 알고 계세요.

Seien Sie sich *darüber im klaren,*
dass es in jeder Ehe Zeiten gibt,
in denen sich die Ehepartner
nicht besonders gut leiden können.

Note

*sich über etwas klar/im klaren sein*는 '결과가 어떠할 지를 명확히 알다'라는 의미이다. ***darüber***는 '상관사'로서 ***dass****....* 이하의 내용을 가리키는 '후방 지시사'이다.

22 감정들이란, 한 개의 못이 박혀 있는 자동차 타이어처럼, 때때로 아주 급히 식을 수 있다. 타이어 터진 바퀴테 위에서 계속 타고 가는 것은 꽤나 덜커덩거리는 경험이다.

Gefühle können bisweilen ganz schnell abflachen
wie ein Autoreifen, in dem ein Nagel steckt.
Und auf der Felge weiterzufahren
ist eine ziemlich holprige Erfahrung.

23 반해 있음의 감정은, 그것을 토대로 한 개의 지속적인 관계를 구축하기에는, 너무나 일시적이다. 그 감정은 우리가 그것에 영향을 끼칠 수 있기 전에 왔다가는 가버린다.

Das Gefühl der Verliebtheit
ist einfach zu flüchtig,
um darauf eine dauerhafte Beziehung aufzubauen.
Es kommt und geht,
ohne dass man es beeinflussen kann.

24 사랑은 불의(不義)에 대해 기뻐하지 않고,
그것(=사랑)은 그러나 진리에 대해 기뻐한다;
그것은 모든 것을 견디고, 그것은 모든 것을 믿고,
그것은 모든 것을 희망하고, 그것은 모든 것을 참는다.

Die Liebe freut sich nicht über die Ungerechtigkeit,
sie freut sich aber an der Wahrheit;
sie erträgt alles, sie glaubt alles,
sie hofft alles, sie duldet alles.

(1. Korinther 13, 6-7)

25 두 사람은 단지 그들이 서로 상대방을 사랑하고, 두 사람이 다 자신의 신앙을 고백하는 기독교인들이기 때문에, 자동적으로 서로 어울리는 것은 아니다. 당신들의 관계의 시작을 특징지었던 그 놀랄만한 시기들이 영원히 지속될 것이라고 당신들은 제발 믿지 마세요!

Zwei Leute passen nicht automatisch zusammen,
nur weil sie sich gegenseitig lieben
und beide bekennende Christen sind.
Glauben *Sie* bloß nicht, dass die wunderbaren Zeiten,
die den Beginn *Ihrer Beziehung* kennzeichneten,
ewig andauern werden!

Note

*Sie*는 '당신'과 '당신들'의 의미를 가질 수 있다. 그러나 *Ihrer Beziehung*이 '당신들의 관계'를 의미하므로, '당신들'로 되어야 한다.

26 두 사람의 성인들이 마치 두 기계처럼 마찰 없이 함께 일할 수 있다고 가정하는 것은 어리석다. 그 두 기계들마저, 공동 작업이 성공하기 전에 먼저 갈아 없애버려져야 할, 모서리들과 모퉁이들을 갖고 있다.

Es ist naiv, anzunehmen,
dass zwei ausgeprägte Individuen
reibungslos zusammenarbeiten wie zwei Maschinen.
Selbst die haben Ecken und Kanten,
die erst abgeschliffen werden müssen,
bevor die Zusammenarbeit klappt.

27 당신들의 결혼의 토대는 첫 몇 달 동안에 놓아진다. 이 시간에 내려지는 결정들이 모든 미래의 행동들의 방향을 결정한다.

Das Fundament Ihrer Ehe
wird in den ersten Monaten gelegt.
Die Entscheidungen, die in dieser Zeit fallen,
bestimmen die Richtung
aller zukünftigen Aktivitäten.

28 성경의 한 구절이 모든 결혼지침서들보다 더 많은 지혜를 내용으로 담고 있다: "아무것도 이기심이나 허영심 때문에 하지 말고, 겸손하게 한 사람은 다른 사람을 자신보다 더 존경하라"

Ein einziger Vers der Bibel beinhaltet mehr Weisheit
als alle Eheratgeber zusammen:
„Tut nichts aus Eigennutz oder um eitler Ehre willen,
sondern in Demut achte einer den anderen
höher als sich selbst.„

(Philipper 2, 3)

29 만약 그것이 꼭 필요하다면, 한 남편은 무리를 해서라도 자신의 마음을 열고 자신의 가장 깊은 감정들을 그의 부인과 함께 나누어야 한다.

Wenn es notwendig ist,
muss ein Mann sich zwingen,
sein Herz zu öffnen
und seine tiefsten Gefühle
mit seiner Ehefrau zu teilen.

30 하느님의 정신은 그에 반해 열매로서 수많은 선(善)을 자라나게 한다, 즉 사랑, 기쁨, 평화, 인내, 친절, 호의, 성실, 관용과 극기심.

Der Geist Gottes dagegen lässt als Frucht
eine Fülle von Gutem wachsen,
nämlich Liebe, Freude, Frieden, Geduld, Freundlichkeit,
Güte, Treue, Nachsicht und Selbstbeherrschung.

(Galater 5, 22(GN))

PART V.

격려와 위로에 관한 명언들

1 해질 무렵에 떠오르는 별들에 대해 기뻐하는 자는 행복하다.

Glücklich ist,
wer sich bei Sonnenuntergang
über die aufgehenden Sterne freut.

(Adalbert Ludwig Balling)

2 희망은 차(茶)에 있는 설탕과 같다: 비록 그것이 소량일지라도, 모든 것을 달게 한다.

Hoffnung ist wie Zucker im Tee:
Auch wenn sie klein ist, versüßt sie alles.

(Chinesisches Sprichwort)

Note

*versüßen*은 'süß machen'의 의미이다.

3 오늘 기뻐할 수 있는 사람은, 내일까지 기다리지 마라!

Wer sich heute freuen kann,
der warte nicht bis morgen.

(Heinrich Pestalozzi)

4 하느님이 우리를 인도하면, 우리는 실망에도 불구하고 희망의 거리에 산다.

Wir leben auf der Straße
der Hoffnung trotz Enttäuschung,
wenn Gott unser Führer ist.

(Hilde J. Streib)

5 좋은 기억력은 하느님의 한 개의 좋은 선물이다, 그러나 망각할 수 있는 것은 종종 하느님의 더 좋은 선물이다.

Ein gutes Gedächtnis ist eine gute Gabe Gottes,
Vergessenkönnen aber ist oft eine noch bessere Gabe Gottes.

(Georg Christoph Lichtenberg)

6 반드시 넘어야 할 산들이 있다; 그렇지 않으면 길은 더 이상 앞으로 나아가지 않는다.

Es gibt Berge, über die man hinüber muss;
sonst geht der Weg nicht weiter.

(Kalenderspruch)

7 미래를 두려워하는 자는 자신의 현재를 망친다.

Wer die Zukunft fürchtet, verdirbt *sich* die Gegenwart.

(Lothar Schmidt)

Note

*Wer*는 '선행사가 없는 관계대명사 주격'이면서 동시에 뒤에 오는 주문장의 주어 역할도 겸하고 있다. *sich*는 '손해의 3격'(dativus incommodi)로서, '미래를 두려워함으로써 현재를 망치는 것이 자신에게 손해가 됨'을 나타낸다.

8 그러므로 내일을 위해 걱정하지마라, 왜냐하면 내일이 내일의 일을 돌볼 것이기 때문이다. 하루하루는 그 날 자신의 괴로움으로도 족하다.

Darum sorgt nicht für morgen, denn der morgige
Tag wird für das Seine sorgen. Es ist genug,
dass jeder Tag seine eigene Plage hat.

(Matthäus 6, 34)

9 인내심을 가져라, 모든 일들이 쉬워지기 전에는 어렵다.

Hab Geduld, alle Dinge sind
schwierig, bevor sie leicht werden.

(Französisches Sprichwort)

10 웃음과 미소는 많은 좋은 일이 사람 안으로 휙 스쳐 들어가는 대문이며 동시에 작은 문이다.

Lachen und Lächeln sind Tor
und Pforte, durch die viel Gutes
in den Menschen hineinhuschen kann.

(Christian Morgenstern)

11 쾌활함은 건강을 위해 좋다, 용기가 없음은 한 사람에게서 마지막 힘을 빼앗아 간다.

Fröhlichkeit ist gut für die Gesundheit,
Mutlosigkeit raubt *einem* die letzte Kraft.

(Sprüche 17, 22(GN))

Note

부정대명사 *man*의 3격은 *einem*, 4격은 *einen*이고, 2격 형태는 없다.

12 자신의 목표를 시야에서 놓치는 일은 결코 없는 가장 느린 사람이, 목표도 없이 이리저리 헤매는 사람보다 항상 더 빠르다.

Der Langsamste, der sein Ziel
nur nicht aus den Augen verliert,
geht immer noch geschwinder als der,
der ohne Ziel herumirrt.

(Gotthold Ephraim Lessing)

13 책을 읽을 수 있는 자는 결코 외롭지 않다.

Wer lesen kann, *der* ist niemals einsam.

(Walter Jens)

Note

- *Wer*와 *der*가 이처럼 같은 주격이면, *der*는 생략할 수 있다.
- 그러나 '강조'하기 위해서 올 수도 있다.

14 진정한 처세술이란 일상적인 것 속에서 놀랄만한 것을 보는 데에 있다.

Die wahre Lebens*kunst besteht darin, im Alltäglichen das Wunderbare zu sehen.*

(Pearl S. Buck)

Note

*Kunst*는 '예술'과 '기술'의 의미가 있다. 그러나 여기에서는 '기술'을 뜻한다. *bestehen in*은 '...의 내용/본질은 ....이다'를 뜻하고, '상관사' *darin*은 뒤에 오는 *im Alltäglichen das Wunderbare zu sehen*을 주문장에서 미리 받아 준다.

15 실패란 그 실패를 다음에는 개선할 수 있는 기회이다.

Misserfolg ist die Chance, es beim nächsten Mal besser zu machen.

(Henry Ford)

16 하느님은 행복함보다 괴로움에 더 가까이 있다. 괴로움 속에서 그(=하느님)를 발견하는 것은 평화와 평안과 강한 마음을 준다.

Gott ist dem Leiden näher als dem Glücklichsein. Ihn im Leiden finden gibt Frieden, Ruhe und ein starkes Herz.

(Dietrich Bonhoeffer)

17 우리가 피해야 할 유일한 죽음은 우리 속에 있는 신(神)의 현존을 망각하는 것이다.

Der einzige Tod, den wir *vermeiden* sollten, ist das Vergessen des Daseins Gottes in uns.

(Paracelsus)

Note

vermeiden 의 '4격 보충어'는 '사건 또는 행위명사'로서, '죽음'은 한 개의 '사건'으로 간주된다.

18 그것의 양이 아직 적을 동안에, 너의 분노를 질식시켜버려라.

Ersticke deinen Ärger, solange er klein ist.

(Slowakisches Sprichwort)

19 인생은 매혹적이다, 사람들은 그것을 단지 옳은 안경을 통해서 보아야 할 뿐이다.

Das Leben ist bezaubernd, man muss es nur durch die richtige Brille sehen.

(Alexandre Dumas d.J.)

20 하느님은 어두운 어제를 한 개의 밝은 내일로 변화시킬 수 있다.

Gott kann das dunkle Gestern in ein helles Morgen verwandeln.

(Martin Luther King)

21 위로하기는 한 개의 마음의 기술이다. 그 기술은 종종 단지 애정 깊게 침묵하고, 침묵하면서 함께 괴로워하는 데 있다.

Trösten ist eine Kunst des Herzens.
Sie besteht oft nur darin, liebevoll zu
schweigen und schweigend mitzuleiden.

(Otto von Leixner)

22 너, 주님, 너는 나의 하느님이고 계속 나의 하느님으로 남아 있을 것이다. 내가 무엇으로 되는지는 너의 손에 달려 있다.

Du, Herr, du bist und bleibst mein Gott!
Was aus mir wird, das liegt in deiner Hand.

(Psalm 31, 15b+16a(GN))

23 기억들은 모든 사진을 더 다정스럽게 만드는 금으로 된 액자틀과 같은 것이다.

Erinnerungen sine ein
goldener *Rahmen*, der jedes Bild
freundlicher macht.

(Carl Zuckmayer)

Note

*Rahmen*은 *Bilderrahmen*('액자틀')의 준말이다.

24 우리가 인생에 대해 아무런 기대도 없이 마주 다가갈 수 있다면, 우리는 종종 아주 즐거운 예기치 않은 놀라움들을 겪을 것이다.

Wenn *man* dem Leben
ohne die geringsten Erwartungen
gegenübertreten könnte, würde *man* oft
die angenehmsten Überraschungen erleben.

(Andrew Miller)

Note

*man*은 형태는 단수이지만 의미는 복수로서 '사람들' 또는 '우리'로 번역된다. 여기에서는 '사람들'보다 '우리'가 내용을 더욱 실감나게 전달해준다.

25 너희들의 아버지는, 너희들이 그('하느님')에게 간청하기 전에, 너희들이 무엇을 필요로 하는지를 안다.

Euer Vater weiß, was ihr braucht,
bevor ihr ihn bittet.

(Matthäus 6, 8b(GN))

26 한 좋은 마부마저도 마차를 전복시킨다.

Auch ein guter Fuhrmann
kippt den Wagen um.

(Französisches Sprichwort)

27 주님은 넘어지는 모든 사람들을 붙잡아주고, 의기소침한/낙심한 사람들을 일으켜 세운다.

Der Herr hält alle, die da fallen, und richtet alle auf,
die niedergeschlagen sind.

(Psalm 145, 14)

28 희망이 없는 상황들이란 없다. 단지 그(=상황들) 때문에 희망을 잃게 된 사람들만이 있을 뿐이다.

Es gibt keine hoffnungslosen
Situationen. Es gibt nur Menschen,
die darüber hoffnungslos geworden sind.

(Clare Booth Luce)

29 나는 하느님의 위대함이 우리들의 불완전성을 덮어서 가려주고, 하느님의 평화가 우리들의 불안정을 덮어서 가려준다는 생각에 미소를 짓는다.

Ich lächle bei *dem Gedanken, dass*
Gottes Größe unsere Unvollkommenheit
einhüllt, und sein Friede unsere Unrast.

(Elizabeth Barrett Browning)

Note

dass ....는 앞의 *dem Gedanken* 의 내용을 자세히 설명해주고 있다.
sein Friede unsere Unrast 다음에 *einhüllt* 가 생략되었다.

30 만족감은 부(富)보다 더 가치 있다.

Zufriedenheit ist
wertvoller als Reichtum.

(Französisches Sprichwort)

31 성경에 적혀 있다: "그 때 하느님은 말했다, 빛이 되어라, 그리고는 빛이 되었다." 빛은 하느님이 이 세상에서 창조한 첫째 산물이었다. 빛이 있는 곳에서, 나는 사물들을 인식하고 지각할 수 있다. 나는 자신이 안전하다고 느낀다. 내가 한 개의 빛을 지니고 있으면, 나는 내가 가는 그 길을 나와 다른 사람들을 위해서 비춘다. 예를 들어 촛불과 햇빛과 같은 지상의 빛은 하느님의 빛에 대한 상징으로 사용된다. 그것(지상의 빛)은 그를 상기시킨다. 모든 좋은 말, 모든 웃음, 모든 친절은 사람 안에 있는 한 개의 빛을 점화시킬 수 있고, 그런 태도는 우리들을 서로를 위해 빛의 운반자들과 빛을 가져오는 사람들로 되게끔 한다.

In der Bibel steht geschrieben: "Da sprach Gott, es werde Licht, und es ward Licht." Das Licht war das Erste, was Gott auf dieser Welt *erschaffen* hat. Dort, wo Licht ist, kann ich Dinge erkennen und wahrnehmen. Ich fühle mich sicher und geborgen. Wenn ich ein Licht trage, erhelle ich den Weg, auf dem ich gehe, für mich und andere. Irdisches Licht, wie z.B. der Kerzenschein oder das Sonnenlicht, steht symbolisch für das Licht Gottes. Es erinnert uns an ihn. Jedes gute Wort, jedes Lächeln, jede Freundlichkeit kann ein Licht im Menschen entzünden, solches Verhalten lässt uns füreinander zu Lichtträgern und –bringern werden.

Note

*erschaffen*은 *schaffen*의 'Gehobene Sprache'(고양된 문체)이다.

32 오늘 살 것!
오늘 웃을 것!
오늘 행복할 것!
너의 심장을 자유스럽게 만들어라.
너의 인생의 기쁨과 너의 행복은
천 가지의 사소한 일에 좌우될 필요가 없다.

Heute leben!
Heute lächeln!
Heute glücklich sein!
Dein Herz mach frei.
Deine Lebensfreude und dein Glück
brauchen nicht abhängig zu sein
von tausendundeiner Nichtigkeit.

33 그 아름다운 날들을 잊지 말아라!
왜냐하면 네가 그날들을 잊는다면,
그날들은 결코 다시 돌아오지 않기 때문이다.
너의 머리를 기쁜 생각들과 호의, 친절과 사랑으로 가득 채우라,
그리고 너의 입을 한 개의 웃음으로 채우라—
그러면 모든 것이 다시 좋아질 것이다.

Vergiß die schönen Tage nicht!
Denn wenn du sie vergißt,
kehren sie niemals wieder.
Fülle deinen Kopf mit fröhlichen Gedanken,
Güte, Freundlichkeit, Liebe
und deinen Mund mit einem Lachen—
und alles wird wieder gut.

34 주님을 믿고, 확신하는 자는 축복을 받았다!
그런 사람은 물가에 심겨진, 그래서 그 뿌리들을 개울로 향해 뻗치는 한 그루의 나무와 같도다.

Gesegnet ist der Mann, der sich auf den Herrn verläßt und dessen Zuversicht der Herr ist. Der ist wie ein Baum, am Wasser gepflanzt, der seine Wurzeln zum Bach hin streckt.

(Jeremia, 17, 7.8)

35 "행복한 사람들"

사람의 행복－
나는 행복의 가장 심오한 이유들을 찾았다,
그리고 그것을 나는 찾아내었다:
그 원인은 돈에 있지 않고,
재산에 있지도 않고, 사치에 있지도 않고,
무위(無爲)에도 있지 않고, 장사/사업에도 있지 않고,
일의 수행/완성에도 있지 않고, 인생의 즐김에도 있지 않다.

행복한 사람들에게서
나는 항상 그 원인으로서
깊은 안전감,
적은 일들에 대한 즉흥적 기쁨,
그리고 한 개의 위대한 단순성을 발견했다.

"Glückliche Menschen"

Das Glück des Menschen－
ich habe seine tiefsten Gründe gesucht,
und das habe ich herausgefunden:

der Grund liegt nicht im Geld,
nicht im Besitz, nicht im Luxus,
nicht im Nichtstun, nicht im Geschäftemachen,
nicht im Leisten, nicht im Genießen.

Bei glücklichen Menschen
fand ich immer als Grund
tiefe Geborgenheit,
spontane Freude an den kleinen Dingen
und eine große Einfachheit.

(Phil Bosmans)

36 너의 빛과 너의 진리를 보내어다오, 그리하여 그들이 나를 인도하여 너의 성스러운 산과 너의 집으로 데려가게 해다오, 그리고 내가 하느님의 제단으로 들어가게 해다오, 즉 나의 기쁨이자 희열인 하느님에게 가서, 하느님인 너에게 하프를 켜면서 감사하게 해다오, 오, 나의 하느님.

Sende dein Licht und deine Wahrheit, dass sie mich leiten und bringen zu deinem heiligen Berg und zu deiner Wohnung, dass ich hineingehe zum Altar Gottes, zu dem Gott, der meine Freude und Wonne ist, und dir, Gott, *auf der Harfe* danke, mein Gott.

(Psalm 43, 3.4)

Note

*auf der Harfe*는 *auf der Harfe spielend*의 줄인 표현으로 볼 수 있다.

37 우리는 이제 영혼이 하느님 말씀을 제외하고는 모든 사물들 없이도 지낼 수 있음을 확신할 수 있다; 하느님 말씀 말고는 어떤 것도 영혼에 도움이 되지 않는다. 그러나 영혼이 말씀을 가지면, 그것은 더 이상 다른 어떤 것도 필요로 하지 않게 되고, 오히려 그 말씀 안에서 음식, 기쁨, 평화, 빛, 예술, 정의, 진리, 지혜, 자유와 모든 (정신적, 물질적) 자산을 넘칠 정도로 충분히 가지게 된다.

So müssen wir nun (dessen) gewiß sein, dass die Seele kann aller Dinge entbehren außer des Wortes Gottes; ohne das Wort Gottes ist ihr mit keinem Ding geholfen. Wo sie aber das Wort hat, so bedarf sie auch keines anderen Dinges mehr, sondern sie hat in dem Wort genug Speise, Freude, Frieden, Licht, Kunst, Gerechtigkeit, Wahrheit, Weisheit, Freiheit und alles Gut überschwenglich.

(Martin Luther)

Note

- *Er war seines Erfolges gewiss.*('그는 자신의 성공을 확신하였다.')에서 알 수 있듯이, 형용사 *gewiss*는 '2격 명사'를 요구한다. 그러므로 우리는 *dessen*이 이 문장에서 생략되었음을 유추할 수 있다.
- *entbehren*과 *bedürfen*도 '2격'을 요구하는 동사이다.
- *Gut*은 '재산'이란 의미로서 '정신적 또는 물질적 자산' 모두를 가리킬 수 있다: *Gesundheit ist das höchste Gut.* (건강은 최고의 자산이다.)

38 그 때 세례자 요한이 왔다 그리고 팔레스티나의 황야에서 설교했다 그리고 말했다: 참회하라, 왜냐하면 하늘나라가 가까이 다가왔기 때문이다.

Zu der Zeit kam Johannes der Täufer und predigte in der Wüste von Jüdäa und sprach: Tut Buße, denn das Himmelreich ist nahe herbeigekommen!

(Matthäus 3, 1.2)

39 우리는 하느님에 대한 믿음이 감소한 것은 도시의 안락과 기술의 진보 탓으로 돌려야 한다. 우리들에 의해 생산된 사물들에 둘러싸여, 우리는 우리자신을 세계의 창조주로 여긴다... 하느님의 음성은 황야의 고요 속에서 울려 퍼졌다, 그리고 우리에게는 바로 고요와 황야가 결핍되어 있는 것이다.

Wir haben *es dem städtischen Komfort und dem technischen Fortschritt zu verdanken, dass der Glaube an Gott abgenommen hat*. Umgeben von den von uns hergestellten Dingen, fühlen wir uns als Schöpfer der Welt... Gottes Stimme erscholl in der Wüste in der Stille, und *an Stille und Wüste fehlt es uns ja gerade*.

Note

- *es dem städtischen Komfort und dem technischen Fortschritt verdanken, dass der Glaube an Gott abgenommen hat.*에서 *es*는 *dass...*를 받는 '상관사'이다.
- *an Stille und Wüste fehlt es uns ja gerade.*에서 *es*는 '문법적 주어'(Scheinsubjekt)로서 생략이 불가능하다.

40 왜냐하면 네 곁에 생명의 샘이 있기 때문이다, 그리고 네 빛 안에서 우리는 빛을 보기 때문이다.

Denn bei dir ist die Quelle des Lebens, und in deinem Lichte sehen wir das Licht.

(Psalm 36, 10)

41 한 하느님을 믿는다는 것은
인생의 의미에 대한 질문을 이해한다는 뜻이다.
한 하느님을 믿는다는 것은
세상의 사실들과 아직 끝나지 않았다는 것을 보는 것이다.
한 하느님을 믿는다는 것은
인생이 어떤 의미를 갖고 있다는 것을 보는 것이다.

An einen Gott glauben, heißt,
die Frage nach dem Sinn des Lebens
verstehen.
An einen Gott glauben, heißt sehen,
dass es mit den Tatsachen der Welt
noch nicht abgetan ist.
An einen Gott glauben, heißt sehen,
dass das Leben einen Sinn hat.

(Ludwig Wittgenstein)

42 하느님은 빛이다. 빛이 있는 곳에 또한 생명도 있다.
그것들이 바로 유용하고 우리가 계속 전해야 할
하느님의 모습들이다.

Gott ist Licht. *Wo* Licht ist, *da* ist Leben.
Das sind Gottesbilder, die taugen und die
wir weitergeben sollten.

Note

*Wo*는 '관계부사'이고, *da*는 '부사'로서 앞의 *Wo*....를 받아주는 '전방 지시사'
이다.

43 너희들은 주님 속에서, 어디에서나 그리고 언제나 기뻐하라: 기뻐하라! 너희들의 호의를 모든 사람들에게 알려라! 주님은 가까운 곳에 계시니!

Freuet euch in dem Herrn allewege, und abermals sage ich: Freuet euch! Eure Güte laßt kundsein allen Menschen! Der Herr ist nahe!

(Philipper 4, 4.5)

44 기쁨을 통해서 평화가 세상에 온다.

Durch Freude kommt Friede in die Welt.

(Rabbi Nachman von Brasslaw)

45 기뻐하기, 그것을 명령할 수는 없다.
기쁨은 한 개의 결과이다.
기독교인들의 호의는 하느님이 호의적임을 경험한 결과이다,
그리고 존재의 가벼움은 주님이 가까이 다가와 있다는 믿음의 결과이다.

Freudig sein, das kann man nicht befehlen.
Freude ist eine Folge.
Die Güte der Christen ist eine Folge der erfahrenen Güte Gottes, und die Leichtigkeit des Seins kann eine Folge des Glaubens sein, dass der Herr nahe ist.

46 나의 느낌은 그러하다; 내 인생의 매일, 내 인생의 매일, 나에게 생명을 주었고, 나는 약점과 비참과 욕망들과 자만심과 명예욕으로 가득 찬 한 인간으로부터, 나는 본래 비참과 오류 이상의 아무것도 아니므로, 모든 영광을 받을만한 그의 은총의 힘으로 이 모든 악(惡)들로부터 구원받은 한 인간을 만든 나의 구세주를 찬양한다.

So ist mein Empfinden; jeden Tag meines Lebens preise ich meinen Erlöser, der es mir gab und der aus einem Menschen voll von Schwäche, Elend, von Begierden, von Stolz und Ehrgeiz, einen Menschen machte, der von diesen Übeln durch die Gewalt seiner Gnade erlöst ist, welcher aller Ruhm gebührt, da ich von mir aus nichts bin als Elend und Irrheit.

(Blaise Paskal)

47 이제 밤이 지나갔다,
이제 해가 떠올랐다,
이제 새로운 하루를 나는 시작했다.
나는 너의 두 손에, 주님,
이 하루 전부를 바친다.
내가 무엇을 시작할지라도,
너는 좋은 결과로 인도해다오.

Nun ist die Nacht vergangen,
Nun ging die Sonne auf,
Nun hab ich angefangen
Den neuen Tageslauf.
Ich leg in deine Hände,
Herr, diesen ganzen Tag.
Führ du zum guten Ende,
Was ich beginnen mag.

(Paul Blau)

48 너희들이 말들과 일들로 행하는 모든 것을
주 예수의 이름으로 행하고 아버지, 하느님에게 그를 통해 감사하라.

Alles, was ihr tut mit Worten oder mit Werken,
das tut alles im Namen des Herrn Jesus und dankt Gott, dem Vater, durch ihn.

(Kolosser 3, 17)

49 그러나 정신의 열매는 사랑,
기쁨, 평화, 인내, 친절, 호의, 신의,
부드러운 마음, 순결이다.

Die Frucht aber des Geistes ist Liebe,
Freude, Friede, Geduld, Freundlichkeit,
Güte, Treue, Sanftmut, Keuschheit.

(Galater 5, 22.23)

50 육(肉)과 정신은 서로 배치된다.
하느님의 정신은 우리가 육의 정열들과 욕망들을 제어하는 것을 도와준다.

Fleisch und Geist stehen im Gegensatz zueinander.
Gottes Geist hilft uns, die Leidenschaften und Begierden des Fleisches zu beherrschen.

51 나는 더 많이 사랑하는 법을 배우고자 한다. 나는 지금의 나와는 다르게 되고 싶다, 나는 나와 그리스도 사이에 놓여있는 간격을 줄이고 싶다, 나는 유대-기독교적 전통의 기본가치들인 정의와 사랑을 살고 싶고 실현하고 싶다. 그리고 나는 그 가치들에 참여하고 싶다. 나는 정의와 사랑이 모두를 위해 있고, 모두를 위해 가능한 하느님의 나라를 함께 세우고자 한다.

Ich will lernen, mehr zu lieben, ich will anders sein, als ich jetzt bin, ich will den Abstand zwischen mir und Christus verringern, ich will Gerechtigkeit und Liebe, die Grundwerte der jüdisch-christlichen Tradition, leben, verwirklichen, ich will an ihnen Anteil haben. Ich will das Reich Gottes, in dem Gerechtigkeit und Liebe für alle da sind und für alle möglich werden, mit aufbauen.

(Dorothee Sölle)

52 "너의 인생과 화해하라"

약간 행복하기 위해서,
약간의 하늘을 지구상에 갖기 위해서는,
너는 인생과 화해해야한다,
지금 네가 처해있는
너 자신의 인생과 화해해야한다.

너는 너 자신의 일과 화해해야한다,
네 주위의 사람들과, 그리고 그들의 실수들과
약점들과도 또한 화해해야 한다.

비록 네가 이제 아마도 이상적 남편, 이상적 부인을
만난 것이 아니란 사실을 알지라도
(그런 것이 있다고 믿지는 말아라),
너는 자신의 남편과, 자신의 부인과
기뻐해야 한다.

"Versöhne dich mit dem Leben"

Um ein bisschen glücklich zu sein,
ein bisschen Himmel auf Erden zu haben,
musst du dich mit dem Leben versöhnen,
mit deinem eigenen Leben,
wie es nun einmal ist.

Du musst *Frieden machen*
mit deiner Arbeit,
mit den Menschen um dich herum,
mit ihren Fehlern und Schwächen.
Du musst *froh sein*
mit deinem Mann, mit deiner Frau,
auch wenn du jetzt vielleicht weißt,
dass du nicht den idealen Mann,
nicht die ideale Frau getroffen hast.
(Glaube nicht, dass es so etwas gibt.)

(Phil Bosmans)

Note

- *mit etw. (seinen) Frieden machen*은 '무엇과 화해하다'이다.
- *froh mit etw. sein*은 *zufrieden mit etw. sein*과 마찬가지로 '무엇에 행복해하다'이다.

53 모든 일이 나에게 허용되어 있다, 그러나 그 모든 것이 선(善)에 이바지하지는 않는다.

Alles ist mir erlaubt, aber nicht alles dient
zum Guten.

(1. Korinther 6, 12)

54 자유란 다른 사람을 해치지 않는 그 모든 일을 할 수 있는 데 있다.

Die Freiheit besteht darin, dass man alles
das tun kann, was einem anderen nicht schadet.

(Matthias Claudius)

55 하느님의 현존을 경험한다는 것은, 미래를 희망하면서
자신을 위해서 기대하는 것이다.

Gottes Gegenwart erfahren heißt Zukunft erhoffen.

(Hermann Gilhaus)

56 좁은 동아리에서는 생각이 더 좁아지고,
인간은 더 큰 목적들을 가짐과 더불어 성장한다.

Im engen Kreis verengert sich der Sinn,
Es wächst der Mensch mit seinen größeren Zwecken.

Aus *"Wallenstein" von Schiller*

Note

- *sich verengern*은 'enger werden'이다.
- *Es*는 '허사(虛辭)'(Platzhalter)로서 der Mensch가 주어자리에 오면 없어진다. 그 역할은 der Mensch를 뒤로 가게 하여 강조해주는 것이다.

57 그리스도가 어디에 있든,
그 곳에 빛이 있다.

Wo
auch immer
Christus ist,
da ist
Licht.

(Martin Luther)

58 인간이 하느님 앞에서
되는 것, 바로 그것이 인간이다.
더 많지도 않고,
더 적지도 않다.

Was
der Mensch
vor Gott ist,
das ist er,
nicht mehr
und nicht weniger.

(Franz von Assisi)

59 기쁨을 선물하는 자가
제일 많이 선물한다.

Am meisten
schenkt,
wer Freude
schenkt.

(Mutter Teresa)

60 가장 짧은 기도도
하늘까지 이른다.

Auch
das kürzeste
Gebet
reicht bis
zum Himmel.

(Irmgard Erath)

61 하느님의 활동을
우리는 신뢰한다.

Auf
Gottes Wirken
setzen wir
unser
Vertrauen.

(Reinhard Lettmann)

62 하느님은 우리가 행복해지고,
우리 인생이 성공하기를 원한다.

Gott will,
dass wir
glücklich werden
und unser Leben
gelingt.

(Hans-Martin Köbler)

63 가장 적은 것에 대해서도 찬양하고 감사하면,
그런 곳에서는 사람의 일생이 밝아진다.

Da wird es hell
in einem
Menschenleben,
wo man für
das Kleinste
loben und danken
lernt.

(Bodelschwingh)

Note

*Da*는 '지시 부사'로서, 관계부사 *wo*....를 미리 받아주는 '후방 지시사'의 역할을 한다.

64 우리가 하느님에 대해
생각하는 것이 중요한 것이 아니라,
우리가 그의 부름을 듣는 것이
중요하다.

Nicht darum
geht es, dass wir
unser Gedanken
über Gott machen,
sondern dass wir
seinen Ruf hören.

(Volkmar Herntrich)

65 천지 만물(=하느님의 창조물)을
더 깊이 인식하면 할수록,
우리는 그 속에서
더 위대한 기적들을
발견하게 된다.

Je tiefer man
die Schöpfung
erkennt, *umso*
größere Wunder
entdeckt man
in ihr.

(Martin Luther)

Note

je 비교급 + *umso/desto* 비교급: '...할수록 더 ...하다'.

66 모든 인간의 자비는
사랑이신 하느님에게로 가는
그 길을 준비한다.

Alle
Menschengüte
bereitet den Weg
zu Gott, der
die Liebe ist.

(Rupert Mayer)

67 신앙은 마음들을 열고,
공간과 시간을 초월하여
다리를 놓는다.

Der Glaube
öffnet die Herzen
und schlägt
Brücken
über Raum
und Zeit.

(Walter Reisberger)

68 "한 친구"

한 친구가 너 옆에 있으면, 비록 그가 한 마디 말을 하거나 손을 내밀어주는 이상의 아무 것도 할 수 없다고 해도, 너는 모든 것을 견뎌낼 수 있다.

너의 인생에 있어서 한 친구란 빵과 포도주와 같은 것이다–
한 개의 자선(慈善)행위나 마찬가지이다. 네 인생에 있어서 한 친구란 모든 곤경에서 가장 강력한 위안이다. 한 친구란 네가 하느님의 선의의 표지를 느낄 수 있는 참된 인간적 호의이다.

"Ein Freund"

Du kannst alles aushalten und durchstehen, wenn ein Freund dir zur Seite ist und wenn er auch nichts weiter tun kann als ein Wort sagen oder eine Hand hinhalten.

Ein Freund in deinem Leben ist wie Brot und Wein–

eine Wohltat. Ein Freund in deinem Leben ist der kräftigste Trost in aller Not. Ein Freund ist wahre menschliche Güte, in der du ein Zeichen göttlicher Güte spürst.

(Phil Bosmans)

Note

jm. zur Seite stehen/sein: '누구를 옆에서 도와주다'를 뜻한다.

69 "잠을 깨어라!"

매일 아침 새로운 하루: 그것에 대해 감사하세요.
너는 결코 발견될 수 없는 곳에서, 행복을 찾고 있다:
의미와 생명이 없는 물건들 속에서, 너를 바보로 만들지만
영양가는 없는 사물들 속에서.

잠을 깨어라! 일어서라!
인간이 되어라!
아침에 해가 뜬다,
그런데도 너는 그것을 전혀 알아채지 못한다.

"Aufwachen"

Jeden Morgen ein neuer Tag: dafür dankbar sein. Du suchst das Glück, wo es niemals zu finden ist: in Sachen ohne Sinn und ohne Leben, in Dingen, die dich betören, aber nicht ernähren.

Aufwachen! Aufstehen!
Mensch werden!
Morgens geht die Sonne auf,
und nichts merkst du davon.

(Phil Bosmans)

70 성령(聖靈)은 우리 심장과 계산하는
오성보다 더 위대하다. 그(성령)는 우리가 자신을 믿지 못하면, 하느님의 성실성을 느끼게 한다. 그(성령)는 우리가 서로에게 무덤을 파는 곳에서, 우리들에게 미래를 준다.
그(성령) 안에서 하느님은, 평화와 정의의
하느님의 나라가 시작하는 날까지, 그의 백성을 새롭게 한다. 그것에 의해서 우리는 산다.

Der Heilige Geist aber ist größer als unser Herz und unser rechnender Verstand. Er lässt Gottes Treue spüren, wenn wir uns selbst nicht mehr trauen. Er gibt uns Zukunft, wo wir uns gegenseitig Gräber graben. In ihm erneuert Gott sein Volk bis an den Tag, da sein Reich des Friedens und der Gerechtigkeit anbricht. Davon leben wir.

(Schweizer Evangelische Landessynode)

71 예수는 그의 제자들에게 그의 정신의 현존을 약속했다. 그것이 제자들이 항상 '정신을 차리고' 행동할 수 있게 만들었다.

Jesus hat seinen Jüngern die Gegenwart seines Geistes verheißen. Das führte dazu, dass die Jünger immer wieder 'geistesgegenwärtig' handeln konnten.

72 하느님을 따라 진실로 정의롭고 성스러운 새 사람이 되어라.

Zieht den neuen Menschen an, der nach
Gott geschaffen ist in wahrer Gerechtigkeit
und Heiligkeit.

(Epheser 4, 24)

73 하느님, 우리들의 어둠 속으로 빛을 보내주오,
우리들의 불화 속으로 너의 화해를 보내주오,
우리들의 걱정 속으로 너의 기쁨을 보내주오,
우리들의 냉정함 속으로 너의 사랑을 보내주오,
우리들의 죽음 속으로 너의 생명을 보내주오,
그러면 우리는 너의 축제에 참여하게 된다.
그러면 우리는 정말 예수 그리스도의 탄생을 경축하게 된다.

Bring doch – Gott –
in unsere Dunkelheit – dein Licht,
in unsere Zwietracht – deine Versöhnung,
in unseren Kummer – deine Freude,
in unsere Kälte – deine Liebe,
in unseren Tod – dein Leben,
dann haben wir teil an deinem Fest.
Dann feiern wir wirklich die Geburt Jesu Christi.

(Peter Klever)

74 높은 곳에 계시는 하느님에게 영광이 있고,
땅에서는 하느님이 좋아하는 사람들에게 평화가 있을지어라.

Ehre sei Gott in der Höhe und Friede auf Erden bei den Menschen seines Wohlgefallens.

(Lukas 2, 14)

75 그러므로 해로운 것은 미워하고, 유용한 것은 사랑하게 나를 도와다오. 네 안에 나는 모든 후원하는 것을 옮긴다, 나 스스로부터는 나는 단지 모든 장애가 되는 것만을 기대한다. 나는 너 없이는 내가 얼마나 무가치한지를 정말 깨닫고 싶구나, 내가 너와 더불어 무엇이 될 수 있는지를 알게 해다오.

Hilf mir also hassen, was schadet, und lieben, was nützt. In dich verlege ich alles Fördernde, von mir selbst erwarte ich nur alles Hemmende. Möchte ich doch einsehen, wie nichtig ich bin ohne dich, und lass mich erkennen, was ich mit dir *zu sein vermag*.

(Flavius Cassiodorus)

Note

zu sein vermögen: 'sein können'과 같은 의미이다.

76 새로운 인간은 모든 이념과 세계관의 목표이다.
하느님의 초상에 따라 창조된 새 인간은 정의와 성스러움으로 알아볼 수 있다. '성스러운'(=하느님에 속하는)이란 단어로 하느님에 대한 관계, '정의로운'이란 단어로는 사람들에 대한 관계가 특징지워진다.

Der neue Mensch ist das Ziel einer jeden Ideologie und Weltanschauung. Der neue Mensch, der nach dem Ebenbild Gottes geschaffen ist, wird an Gerechtigkeit und Heiligkeit erkannt. Mit 'heilig' (Gott zugehörig) wird das Verhältnis zu Gott, mit 'gerecht' das Verhältnis zu den Menschen charakterisiert.

77 "사랑은 그러하다"

사랑은 그러하다.
사랑이 내 인생에 떠오르면,
빛이 오고, 따뜻해진다.
내가 사랑만 가지면, 나는 많은 것이 없어도 좋다.
사랑이 내 삶에서 사라지면,
어두운 그림자들이 자란다.
어둠과 추위가 다가온다.

사랑은 태양과 같다.

사랑을 가진 사람은 많은 것이 없어도 좋다.
사랑을 안 가진 사람은 아무 것도 안 가진 것이나 마찬가지이다.

"So ist es mit der Liebe"

So ist es mit der Liebe.
Geht die Liebe auf in meinem Leben,
dann kommt Licht, dann wird es warm.
Habe ich Liebe, dann kann mir vieles fehlen.
Geht die Liebe unter in meinem Leben,
dann wachsen die schwarzen Schatten.
Finsternis macht sich breit und Kälte.

Die Liebe ist wie die Sonne.

Wer sie hat, dem kann vieles fehlen.
Wem die Liebe fehlt, dem fehlt alles.

(Phil Bosmans)

78 예수는 말씀 하신다: *나는 한 개의 빛으로 이 세상에 왔다, 나를 믿는 자는 어둠 속에 머물지 않도록 하기위해서.*

Jesus Christus spricht: *Ich bin in die Welt gekommen als ein Licht, damit, wer an mich glaubt, nicht in der Finsternis bleibe.*

(Johannes 12, 46)

Note

- *wer*는 '일반적인 사람을 나타내는 선행사가 없는 관계대명사 주어'이다.
- 즉 '나를 믿는 자는 누구든지'의 의미이다. *bleibe*는 '접속법 1식'으로서 '3인칭에 대한 명령'을 나타낸다.

79 예수의 도래는 어떤 사건보다도 더 많이
이 세상을 변화시켜 놓았다.

Das Kommen **Jesu** hat die Welt mehr verändert als irgendein anderes Ereignis.

Note

Jesus Christus가 '주격'이고, Jesu Christi는 '소유격'이다.

80 오 주님, 나를 너의 평화의 도구로 만들어라:
사람들이 나를 미워하는 곳에서도 내가 사랑을 베풀도록;
사람들이 나를 모욕해도 내가 용서하도록;
싸움이 있는 곳에서는 내가 화해시키도록;
오류/잘못이 있는 곳에서는 내가 진리를 말하도록;
의심이 우리를 짓누르는 곳에는 내가 믿음을 가져다주도록;
절망이 우리를 괴롭히는 곳에서는, 내가 희망을 일깨우도록;
어둠이 지배하는 곳에서는 내가 빛을 점화하도록;
걱정이 거주하는 곳에는 내가 평화를 만들어내도록.

O Herr, mache mich zum Werkzeug deines Friedens: dass ich Liebe übe, wo man mich hasst; dass ich verzeihe, wo man mich beleidigt; dass ich verbinde, wo Streit ist; dass ich die Wahrheit sage, wo der Irrtum herrscht; dass ich den Glauben bringe, wo der Zweifel drückt; dass ich Hoffnung wecke, wo Verzweiflung quält; dass ich Licht entzünde, wo die Finsternis regiert; dass ich Freude mache, wo der Kummer wohnt.

(Franz von Assisi)

81 하느님이 한밤중에 나타났기 때문에,
우리 밤은 슬플 수가 없다.
항상 우리 곁에 있었던
그 분은 자신이 사람임을 사람들에게 나타낸다.
하느님은 한밤중에 나타났기 때문에,
우리 밤은 슬플 수가 없다.

하느님이 한밤중에 나타났기 때문에,
우리 밤은 슬플 수가 없다.
그리스도의 친절함을 받아들여라,
그의 평화를 시간 안으로 옮겨라.
하느님이 한밤중에 나타났기 때문에,
우리 밤은 슬플 수가 없다.

Weil Gott in tiefster Nacht erschienen (ist),
kann unsere Nacht nicht traurig sein.
Der immer schon uns nahe war,
stellt sich als Mensch den Menschen dar.
Weil Gott in tiefster Nacht *erschienen (ist)*,
kann unsere Nacht nicht traurig sein.

Weil Gott in tiefster Nacht *erschienen (ist)*,
kann unsere Nacht nicht traurig sein.
Nimm an des Christus Freundlichkeit,
trag seinen Frieden in die Zeit.
Weil Gott in tiefster Nacht *erschienen (ist)*,
kann unsre Nacht nicht traurig sein.

(Dieter Trautwein)

Note

erschienen (ist): '장소의 이동'이므로 *ist*가 생략되었음을 추측할 수 있다.

82 **하느님은 확실히 많은 이름들을 갖고 있다, 그러나 그는 결코 유혹자라고 불릴 수 없다 – 유혹자란 항상 하느님과는 다른 어떤 것, 즉 사람들의 적이다.**

Gott hat gewiß viele Namen, aber er kann niemals der Versucher heißen – *der Versucher ist immer der andere, der Menschenfeind.*

(Heinz Zahrnt)

Note

*der Versucher ist immer der andere (als Gott), der Menschenfeind. (als Gott)*을 보충하면, 이 문장의 의미를 파악하기가 쉬워진다: '유혹자란 항상 하느님과는 다른 무엇이고, 인간의 적이다'라고 해석된다.

83 **성경을 사랑하라, 그러면 영원한 지혜가 너를 사랑할 것이다. 성경을 사랑하라, 그러면 성경이 너에게 도움을 줄 것이다; 성경을 존중하라, 그러면 성경이 너를 품에 안아줄 것이다.**

Liebe ***die Heilige Schrift***, und die ewige Weisheit wird dich lieben. Liebe *sie* und *sie* wird dir dienen; ehre *sie* und *sie* wird dich in ihre Arme schließen.

(Hieronymus)

Note

*sie*는 모두 ***die Heilige Schrift(성경)***을 가리킨다.

84 어떤 다양함과 어떤 아름다움이 이 자연 속에서 발견되는가? 대우주와 소우주를 한 번 보는 것은 우리를 항상 다시금 경탄시킨다.

Welche Vielfalt, welche Schönheit findet sich in der Natur! Der Blick in den Makrokosmos und in den Mikrokosmos lässt (uns) immer wieder staunen.

Note

(uns)를 보충해주는 것이 문법적으로 더 이해하기 쉬울 것이다.

85 하느님이 창조한 것은 아주 좋았다. 우리가 그것을 오늘날 더 이상 인식할 수 없으면, 그것은 우리 탓이다.

Was Gott geschaffen hat, das war sehr gut. Wenn wir das heute nicht mehr erkennen können, so liegt es an uns.

86 인간의 원죄에 대한 이야기(창세기 3장)는 인간이 그의 사명을 알긴 하지만, 자기파괴적인 이기심으로 인해서 그 사명에 배치되게 행동함으로써 그의 모든 생명세계에도 함께 피해를 준다는 사실에 대해서는 의심의 여지를 남기지 않는다.

Die Erzählung von der Sünde des Menschen (Genesis 3) *lässt keinen Zweifel daran, dass* der Mensch *zwar* um seine Bestimmung weiß, ihr *aber* in selbstzerstörerischer Eigensucht zuwiderhandelt und dadurch *seine ganze Lebenswelt in Mitleidenschaft zieht.*

Note

lässt keinen Zweifel daran, dass... '....에 대해서는 의심의 여지를 남기지 않는다'. *seine ganze Lebenswelt in Mitleidenschaft zieht* '무엇에 함께 피해를 주다'. *zwar....., aber...*는 '....이긴 하지만, ...하지 못하다'를 뜻한다: *Er ist zwar groß, aber/doch an seine Brüder reicht er noch nicht heran.* '그도 과연 키가 크긴 하지만, 아직은 자기 형에게는 미치지 못한다'.

87 "삶의 기술"

나는 내 주위에 살고 있는 사람들을 사랑한다.
나는 기쁨을 사랑한다, 그러면 기쁨은 나에게 온다.
나는 우정을 사랑한다, 그리고 나는 별들을 딴다,
그러면 나의 날은 복으로 가득 찬다.

인생이란 빛과 어둠의 세계에서
하느님과 그리고 또한
사람들과의 흥분시키는 모험이다.
나는 영웅이 되고 싶지도 않고,
순교자가 되고 싶지도 않고,
단지 잊혀진 꽃들을 꺾는, 그리고 안락의자들에 앉아서 부(富)와 권력을 가지고 군림하고 있는 지구상의 잘난체하는 사람들을 비웃는 그런 개구쟁이가 되고 싶다.

"Die Kunst des Lebens"

Ich liebe die Menschen,
die um mich leben.
Ich liebe die Freude,
und so kommt die Freude zu mir.

Ich liebe die Freundschaft,
und so pflücke ich die Sterne
und ist mein Tag voller Seligkeit.

Leben ist ein aufregendes Abenteuer
mit Gott und mit den Menschen
in einer Welt von Licht und Finsternis.
Ich will kein Held sein und kein Märtyrer,
nur der kleine Kobold,
der die vergessenen Blumen pflückt
und über die Großen der Erde lacht,
die in ihren Sesseln thronen
mit Reichtum und Macht.

(Phil Bosmans)

Note

*Kunst*는 '기술'과 '예술'의 '의미 변이체'(Bedeutungsvariante)를 갖고 있다. 그러나 이 경우에는 ***des Lebens***가 *Die Kunst*, ***Sätze zu analisieren***(문장들을 분석하는 기술)에서와는 달리, '기술'이란 의미의 명사 *Kunst*의 2격 형태의 '명사 보충어'이다. 즉 *Kunst*는 '2격 명사' 또는 'Inf. mit *zu*'를 명사보충어로 오게 한다: *Die Kunst des Reitens/des Fechtens*(승마기술/검술).

88 그리고 하느님은 인간을 그의 모습대로 창조했다, 하느님의 모습으로 하느님은 인간을 창조했다; 그리고 하느님은 그들을 남편과 부인으로 창조했다.

Und Gott schuf den Menschen zu seinem
Bilde, zum Bilde Gottes schuf er ihn; und (Gott)
schuf sie als Mann und Weib.

(1. Mose 1, 27)

89 모세가 옳은가 또는 크세노파네스가 옳은가?
하느님은 인간을 그의 모습대로 창조했는가 또는
오히려 인간이 하느님을 자신의 모습대로 만드는 것은 아닐지?
모든 외관은 크세노파네스 편인가?
– 그럼에도 불구하고 모세가 말하는 것은 진실이다.
그리고 근본적으로 크세노파네스 또한 그것을 뜻한다.
하느님에 관한 모든 생각은 인간적이다 –
그러나 인간자체 안에는 인간으로 하여금 하느님을 실제로 인식하게
하는 모든 생각을 초월하는 어떤 것이 있다.

Hat wohl Mose Recht oder Xenophanes?
Hat Gott den Menschen nach seinem
Bilde geschaffen, oder gestaltet nicht vielmehr
der Mensch Gott nach den seinigen?
Aller Schein spricht für Xenophanes?
– und dennoch ist wahr, was Moses sagt.
Und im Grunde meint das auch Xenophanes.
Jede Vorstellung von Gott ist menschlich –
aber im Menschen selbst ist etwas über jede Vorstellung hinaus,
das ihn Gott *in Wahrheit* erkennen lässt.

(Henri de Lubac)

Note

*in Wahrheit*는 '*in Wirklichkeit*'(실제로)를 뜻한다.

90 주님, 우리는 간청합니다: 오라 그리고 우리를 축복하라;
우리 위에 너의 평화를 두어라. 축복하면서 우리 위에 손들을
쳐들어라. 너의 힘으로 우리를 건드려라. 너의 평화를 전파시키기
위해서, 너는 우리를 세상의 고난 속에 세웠다.
슬픔 속에서, 고통의 한가운데에서 우리를 너의 사자(使者)들이
되게 하라.

Herr, wir bitten: Komm und segne uns;
lege auf uns deinen Frieden. Segnend halte
Hände über uns. Rühr uns an mit deiner
Kraft. In die Not der Welt hast du uns
gestellt, deine Freude auszubreiten. In der
Traurigkeit, mitten in dem Leid lass uns
deine Boten sein.

(Schwester Eva Szörösi und Schwester Gerlinde Boger)

91 주님께서 너에게 축복을 내리고 너를 보호해주길;
주님께서 그의 자비스러운 모습을 너 위에 빛나게 하길, 그리고
너에게 자비를 베푸시길; 주님께서 그의 자비스러운 모습을
너 위로 들어 올리시고, 너에게 평화를 주시길 (기도합니다).

Der Herr *segne* dich und behüte dich;
der Herr *lasse* sein *Angesicht* leuchten über dir
und *sei* dir gnädig; der Herr *hebe* sein Angesicht
über dich und gebe dir Frieden.

(4. Mose 6, 24-26)

Note

- *Angesicht*는 '경어체'로서 '주님 또는 임금의 얼굴'을 뜻할 수 있다.
- *segne*, *lasse*, *sei*, *hebe*는 '접속법 1식'으로서, '3인칭 단수'인 Der Herr에 대한 명령을 나타낸다.

92 주님께서 너를 모든 악에서 보호하고,
그리고 그(주님)가 너의 영혼을 보호하길.

Der Herr behüte dich vor allem Übel,
er behüte deine Seele.

(Psalm 121, 7)

93 너희는 주님에게 감사하라; 왜냐하면 그는 친철하고
그의 자비는 영원히 지속되기 때문이다.

Danket dem Herrn; denn er ist freundlich,
und seine Güte währet ewiglich.

(Psalm 107, 1)

Note

*Danket*는 '2인칭 복수 ihr'에 대한 명령형이다.

94 너의 은총은 하늘이 있는 곳까지 미치고,
너의 신의는 구름들이 가는 곳까지 도달한다.

Deine Gnade reicht, so weit der Himmel
ist, und deine Treue, so weit die Wolken gehen.

(Psalm 108, 5)

95 그리스도는 하느님의 마음에 꼭 드는 사람이다.
참된 사람, 보이지 않는 하느님과 꼭 닮은 사람.
그에게서 우리는 우리가 어떤 종류의 사람들이고,
어떤 종류의 하느님을 우리가 갖고 있는지를 알게 된다.

Christus ist der Mensch nach Gottes Wohlgefallen.
Wahrer Mensch, Ebenbild des unsichtbaren Gottes.
In ihm erkennen wir, was wir für Menschen sind und
was für einen Gott wir haben.

96 우리는 그러나 그가 약속한 정의가 살아있는
새 하늘과 새 땅을 기다리고 있다.

Wir warten aber auf einen neuen Himmel
und eine neue Erde nach seiner Verheißung,
in denen Gerechtigkeit wohnt.

97 사람이 하느님의 모습이 되었다.
이 모습(=하느님의 모습)이 사라졌기 때문에,
이 밤에 태어난
한 사람이 하느님으로 된다.

Der Mensch *ward* Gottes Bild.
Weil dieses Bild verloren,
wird Gott ein Mensch,
In dieser Nacht geboren.

(Andreas Gryphius)

Note

*ward*는 *wurde*의 '고어체'(古語體)이다.

98 너는 주님인 너를 찾는 자들을 버리지 않는다.

Du verlässest nicht, die dich, Herr, suchen.

(Psalm 9, 11)

99 하느님을 발견한 자들에게 비로소 하느님이 계신 것이 아니라,
하느님을 찾는 자들에게 이미 하느님이 함께 계신다.

Schon bei den Suchenden ist Gott,
nicht erst bei denen, die ihn gefunden haben.

100 이따금 우리는 자신이 한 수호천사를 가졌었다는 느낌을 갖게 된다. 천사들이란 하느님의 착한 세력들이다. 디트리히 본훼퍼는 말할 수 있었다: "착한 힘들에 의해서 놀라울 정도로 잘 보호받아서, 우리는 무엇이 다가오든지 신뢰에 가득차서 기다린다. 하느님은 저녁에도 그리고 아침에도 우리와 함께 계시고, 그리고 틀림없이 모든 새로운 날에도 우리와 함께 계실 것이다."

Manchmal haben wir das Gefühl, dass wir einen Schutzengel hatten. Engel sind Gottes gute Mächte. Dietrich Bonhoeffer konnte sagen: "Von guten Mächten wunderbar geborgen, erwarten wir getrost, was kommen mag. Gott ist mit uns am Abend und am Morgen und ganz gewiss an jedem neuen Tag."

101 하느님은 교만한 자들에게 굴하지 않고,
겸손한 자들에게 그는 은총을 준다.

Gott widersteht den Hochmütigen, aber den Demütigen gibt er Gnade.

(1. Petrus 5, 5)

102 하느님, 너에게 나는 외친다!
내 안에는 어둡다,
그러나 너에게는 빛이 있다;
나는 외롭다, 그러나 너는 나를 버리지 않는다;
나는 기가 죽었다,
그러나 너에게 도움이 있다.
나는 불안하다, 그러나 너에게는 평화가 있다;
내 안에는 노여움이 있으나,
너에게는 인내가 있다;
나는 너의 길들을 모른다,
그러나 너는 나를 위한 길을 알고 있다.

Gott, zu dir rufe ich!
In mir ist es finster,
aber bei dir ist das Licht;
ich bin einsam, aber du verlässt mich nicht;
ich bin kleinmütig,
aber bei dir ist die Hilfe;
ich bin unruhig, aber bei dir ist der Friede;
in mir ist Bitterkeit,
aber bei dir ist die Geduld;
ich verstehe deine Wege nicht,
aber du weißt den Weg für mich.

(Dietrich Bonhoeffer)

103 나의 개인적 견해와 확신은 인류가 역사 속 이전 그 어느 때보다 오늘날 기도의 힘을 더 많이 필요로 한다는 인식에서 그 정점에 이른다.

Meine persönliche Auffassung und Überzeugung
gipfelt in der Erkenntnis, dass die Menschheit
der Kraft des Gebetes heute mehr bedarf
als jemals zuvor in der Geschichte.

(Wernher von Braun)

104 언제나 기뻐하라, 끊임없이 기도하라,
모든 일에 감사하라; 왜냐하면 그것이야말로 그리스도 예수님 안에 있는 하느님의 너희들에 대한 뜻이기 때문이다.

Seid allezeit fröhlich, betet ohne Unterlass,
seid dankbar in allen Dingen; denn das ist
der Wille Gottes in Christus Jesus an euch.

(1. Thessalonicher 5, 16-18)

105 하느님은 사랑이다; 그리고 사랑하는 자는
하느님 안에 계속 있게 되고, 하느님은
그(=사랑하는 자)의 안에 계속 있게 된다.

Gott ist die Liebe; und wer in der Liebe bleibt,
der bleibt in Gott und Gott (bleibt) in ihm.

(1.Johannes 4, 16)

106 하느님은, 그가 그에 대한 우리의 사랑을 필요로 해서가 아니라, 우리가 그에 대한 우리의 사랑을 필요로 하기 때문에, 그를 사랑하도록 우리에게 요구한다.

Gott bittet uns, ihn zu lieben, nicht weil er
unsre Liebe zu ihm braucht, sondern weil
wir unsere Liebe zu ihm brauchen.

(Franz Werfel)

107 오 주님, 돌로 된 이 마음을 가져가고
살과 피로 된, 너를 사랑하고 존경하는,
한 마음을 나에게 다오,

너 안에서 기뻐하고,
그리스도를 위하여
너를 닮으려하고,
너의 마음에 들고자하는
한 마음.

O Herr, nimm dieses Herz von Stein
und gib mir ein Herz von Fleisch und Blut,
dich zu lieben und zu verehren,
ein Herz, in dir mich zu freuen,
dir nachzuahmen und
dir zu gefallen um Christi willen.

(Ambrosius)

108 인간 개개인은 한 개의 약한 존재이다,
그러나 다른 사람들과 결합하면 강하다.
혼자서는 그는 종종 헛수고만 한다.
그의 마음 속을 바라보는 (우정 어린) 친구의 시선,
그의 충고와 위로의 한 마디는
그에게 낮은 하늘을 넓혀주고 높여주며,
그로부터 슬픔의 지붕을 치워버린다.

Einzeln ist der Mensch ein schwaches Wesen,
aber stark in Verbindung mit andern.
Einsam müht er sich oft umsonst.
Ein Blick des Freundes in sein Herz,
ein Wort seines Rates, seines Trostes
weitet und hebt ihm den niedrigen Himmel,
rückt ihm die Decke des Trauerns hinweg.

(Johann Gottfried Herder)

109 "매일의 기도"

나는 진리 옆에 머물고 싶다.
나는 어떤 불의에도 굴복하고 싶지 않다.
나는 어떤 두려움으로부터도 자유롭고 싶다.
나는 어떤 폭력도 사용하고 싶지 않다.
나는 모든 사람을 선의로 대하고 싶다.

"Das tägliche Gebet"

Ich will bei der Wahrheit bleiben.
Ich will mich keiner Ungerechtigkeit beugen.
Ich will frei sein von Furcht.
Ich will keine Gewalt anwenden.
Ich will guten Willens sein gegen jedermann.

(Mahatma Gandhi)

110 주님, 우리 옆에 머물러주세요,
왜냐하면 저녁이 되려고 하고, 날이 저물었기
때문이다. 우리 곁에 그리고 너의 전체 교회 옆에
머물러주세요.
하루의 저녁에, 인생의 저녁 무렵에, 세계의 저녁에
우리 옆에 머물러주세요.
너의 은총과 호의로써 우리 옆에 머물러주세요,
너의 말씀과 성사(聖事)로써,
너의 위로와 축복을 가지고.
우리 머리위에 고난(슬픔)과 불안의 밤이 다가오면,
의심과 유혹의 밤이 다가오면,
쓰디 쓴 죽음의 밤이 다가오면,
우리 옆에 머물러주세요.
우리와 모든 너의 신자들 곁에
시간과 영원 속에서 항상 머물러주세요.

Bleibe bei uns, Herr, denn es will Abend werden, und der Tag hat sich geneigt. Bleibe bei uns und bei deiner ganzen Kirche. Bleibe bei uns am Abend des Tages, am Abend des Lebens, am Abend der Welt. Bleibe bei uns mit deiner Gnade und Güte, mit deinem Wort und Sakrament, mit deinem Trost und Segen. Bleibe bei uns, wenn über uns kommt die Nacht der Trübsal und Angst, die Nacht des Zweifels und der Anfechtung, die Nacht des bitteren Todes. Bleibe bei uns und allen deinen Gläubigen in Zeit und Ewigkeit.

(Wilhelm Löhe)

111 하느님만을 예수 그리스도를 통해서만 아는 것이 아니라,
우리 자신도 또한 예수 그리스도를 통해서만 알고,
생명과 죽음 또한 예수 그리스도를 통해서만 안다.
예수 그리스도 없이는 우리는 우리 인생이 무엇인지도
모르고, 우리 죽음이 무엇인지도 모를 뿐만 아니라,
하느님이 무엇인지도 모르고, 우리 자신이 무엇인지도 모른다.

Nicht nur Gott kennen wir allein durch Jesus Christus,
auch uns selbst kennen wir nur durch Jesus Christus,
Leben und Tod kennen wir allein durch Jesus Christus.
Ohne Jesus Christus wissen wir weder,
was unser Leben, noch, was unser Tod,
noch, was Gott, noch, was wir selbst sind.

(Blaise Paskal)

112 두려워하지 마라, 왜냐하면 내가 너를 구원했기 때문이다;
내가 너의 이름을 불렀으니, 너는 이제 내 것이다.

Fürchte dich nicht, denn ich habe dich erlöst;
ich habe dich bei deinem Namen gerufen;
du bist mein.

(Jesaja 43, 1)

Note

*sich fürchten*은 '두려워하다'를 뜻한다.

113 보아라, 나는 네가 신뢰에 가득차고
겁 없이 될 것을 명령했다.
무서워하지 말고, 놀라지 마라;
왜냐하면 너의 하느님인 주님이
네가 하게 되는 모든 일에서
너와 함께 있을 것이기 때문이다.

Siehe, ich habe dir geboten, dass du getrost
und unverzagt seist. Lass dir nicht grauen
und entsetze dich nicht; denn der Herr,
dein Gott, ist mit dir in allem, was du tun wirst.

(Josua, 1, 9)

114 행복은 사랑이다, 다른 어떤 것이 아니다.
사랑할 수 있는 사람은 누구나 행복하다.

Glück ist Liebe, nichts anderes.
Wer lieben kann, ist glücklich.

(Hermann Hesse)

115 세계가 한 다른 세상으로 되기 위해서는
인간들 스스로가 한 새로운 영혼의 오솔길에 접어드는 것이 필요하다.
그러나 우리들 각자가 정말로 모든 개인을 위해서
한 새로운 형제가 되지 않는다면,
인간들 사이에는 형제애는 더 이상 지속되지 않을 것이다.

Damit die Welt eine andere werde,
dazu ist ***es*** nötig, *dass die Menschen selber*

einen neuen Seelenpfad einschlagen.
Bevor aber nicht ein jeder von uns in Wahrheit
zu einem neuen Bruder wird für einen jeden,
wird kein Brudertum herrschen unter den Menschen.

(Fjodor M. Dostojewskij)

Note

es는 *dass die Menschen selber einen neuen Seelenpfad einschlagen*을 앞에서 미리 받아주는 '상관사'(Korrelat)이다.

116 주님은 관대하시고 정의로운 분이시다,
그리고 우리 하느님은 자비로우시다.

Der Herr ist gnädig und gerecht,
und unser Gott ist barmherzig.

(Psalm 116, 5)

117 자비로운 자들은 복 되도다,
왜냐하면 그들이 자비를 얻게 될 것이기 때문이다.

Selig sind die Barmherzigen, denn sie werden
Barmherzigkeit erlangen.

(Matthäus 5, 7)

118 그리스도는 말씀 하신다: 왜냐하면 나는 배가 고팠었다,
그리고 너희들은 나에게 먹을 것을 주었다.
나는 목이 말랐었다, 그리고 너희들은 나에게 마실 것을 주었다.
나는 한 이방인이었다, 그리고 너희들은 나를 받아들였다.

나는 발가숭이였다, 그리고 너희들은 나에게 옷을 입혔다.
나는 병들었었다, 그리고 너희들은 나를 방문했다.
나는 감옥에 있었다, 그리고 너희들이 나에게 왔다.

Christus spricht: Denn ich bin hungrig gewesen,
und ihr habt mir zu essen gegeben.
Ich bin durstig gewesen, und ihr habt mir
zu trinken gegeben. Ich bin ein Fremder
gewesen, und ihr habt mich aufgenommen.
Ich bin nackt gewesen, und ihr habt mich
gekleidet. Ich bin krank gewesen,
und ihr habt mich besucht. Ich bin
im Gefängnis gewesen, und
ihr seid zu mir gekommen.

(Matthäus 25, 35.36)

119 "나의 꿀과 꽃가루는 내 것이지
다른 누구의 것도 아니다!" 라고 그 꽃은 말하고서는
벌도 나비도 전혀 먹지 못하게 했다.
그 때문에 그 꽃은 아무 목적도 없이
시들어버려 열매와 씨앗도 없이 죽어갔다.

"Mein Honig und Blütenstaub gehören
mir und keinem anderen!" sagte die Blume
und ließ weder Biene noch Schmetterling
naschen. Darum welkte sie ziel- und zwecklos
dahin und starb ohne Frucht und Samen.

(Rudolf Kirsten)

120 우리 인생은 언젠가는 끝날 것이다.
그러나 앞으로도 남을 것은 우리 인생의 열매들이다.
그리고 우리가 남에게 무엇인가를 줄 때에, 우리 인생은 열매를 거둔다.

Unser Leben wird vergehen. Aber was
bleiben wird, sind die Früchte unseres Lebens.
Und Frucht bringt unser Leben, wenn wir geben und schenken.

(Bernhard Caspar)

121 주님이 얼마나 친절한 지, 너희들은 맛보아라
그리고 보아라.
주님을 신뢰하는 자에게는 복이 있으리라!

Schmecket und *sehet*, wie freundlich der Herr ist.
Wohl dem, der auf ihn *trauet* !

(Psalm 34, 9)

Note

*Schmeck**et** und seh**et***는 ***ihr***(너희들)에 대한 명령형이고, *trau**et***는 '3인칭 단수형'이 원래는 *traut*이지만, 운(韻)을 맞추어주기 위해서 ***et***로 해주었음에 유의해야 하겠다.

122 하느님은 과거의 일에 대해서 우리들에게 용서를 해주고,
미래의 일에 대해서 우리들에게 용기를 주고,
하느님의 영원한 현재 속에서 우리들에게 평안을 선물한다.

Gott schenkt uns Vergebung für das Vergangene,
Mut für das Zukünftige und Ruhe in seiner
ewigen Gegenwart.

(Paul Tillich)

123 최고로 높은 자의 우산 아래에 앉아있고,
전능한 자의 그림자 아래에 머무는 자는
주님에게 말한다: 나의 확신이자 나의 성(城),
내가 믿고 의지하는 나의 하느님.

Wer unter dem Schirm des Höchsten sitzt
und unter dem Schatten des Allmächtigen
bleibt, *der* spricht zu dem Herrn: Meine
Zuversicht und meine Burg, mein Gott,
auf den ich hoffe.

(Psalm 91, 1.2)

Note

*Wer*는 '선행사가 없는 관계대명사 주격'으로서, 뒤에 주격을 나타내는 지시대명사 *der*가 오지 않아도 되지만, 강조할 때에는 올 수도 있다.

124 영원히 부유한 하느님은
우리들이 인생을 살아가는 과정에서
우리들에게 항상 기뻐하는 마음과
고귀한 평화를 주고자 한다.
그리고 우리를 항상 그의 자비 속에서
유지하려고 하고,
여기와 거기에서 우리를 모든 곤경에서
구원해주려고 하신다.

Der ewig reiche Gott
Woll uns bei unserm Leben
Ein immer fröhlich Herz
Und edlen Frieden geben

Und uns in seiner Gnad
Erhalten fort und fort
Und uns aus aller Not
Erlösen hier und dort.

(Martin Rinckart)

125 **우리는 죽음에서 생명으로 왔다는 것을 안다;**
왜냐하면 우리는 형제들을 사랑하기 때문이다.
사랑하지 않는 사람은 죽음 속에 머물게 된다.

Wir wissen, dass wir aus dem Tod in das Leben
gekommen sind; denn wir lieben die Brüder.
Wer nicht liebt, der bleibt im Tod.

(1.Johannes 3, 14)

126 **하느님에게 가는 길은 사람 위로 나 있다.**
잠자는 애, 그 애를 애무하는 어머니,
나무들의 살랑거리는 소리에 귀를 기울이는 노인
– 모두는 하느님에게 가까이 있고, 모두 안에는 하느님이 있다.

Der Weg zu Gott führt über den Menschen.
Das schlafende Kind, die Mutter, die es liebkost,
der Greis, der dem Rauschen der Bäume lauscht
– jeder ist Gott nahe, in jedem ist Gott.

(Aus dem Chassidismus)

Note

*Der Weg **zu Gott***에서 *Der Weg*은 '관계적 의미의 명사'(Relationalia)로서, '목적지'가 뒤에 오게 된다: *Der Weg **nach Busan***.

127 네가 언젠가는 죽을 것이라는 것과 영원히 살지는 않을 것이라는 사실을 잘 안다면, 네가 죽음의 현실과 더불어 살 수 있다면, 너는 진실한 인생을 살 수 있다. 만약 네가 너의 전 인생을 죽음으로부터 도주하는 데 보낸다면, 너는 이 인생으로부터도 또한 도주하게 된다.

Wenn du in dem vollen Wissen lebst, dass
du sterben wirst, dass du nicht ewig leben wirst...,
wenn du mit der Realität des Todes leben kannst,
dann kannst du leben. Wenn du dein ganzes Leben
auf der Flucht vor dem Tode zubringst, bist du auch
auf der Flucht vor dem Leben.

(James Baldwin)

128 희망으로 사는 사람들은 더 멀리 본다.
사랑으로 사는 사람들은 더 깊게 본다.
신앙으로 사는 사람들은 모든 것을 다른 빛으로 본다.

Menschen, die aus der Hoffnung leben,
sehen weiter.
Menschen, die aus der Liebe leben,
sehen tiefer.
Menschen, die aus dem Glauben leben,
sehen alles in einem anderen Licht.

(Lothar Zenetti)

129 신앙은 의심을 극복하는 용기이다,
의심을 추방함으로써가 아니라,
의심을 자신의 구성요소로 받아들임으로써.

Glaube ist Mut, der Zweifel überwindet,
nicht indem er den Zweifel verdrängt, sondern
indem er ihn auf sich nimmt als Element seiner selbst.

(Paul Tillich)

130 영원한 기쁨은 하느님에게 가는 모든 길들의 종착역이다.
그러나 우리가 표면에서 산다면, 영원한 기쁨을 얻지 못할 것이다.
우리가 표면을 통과하여 우리 스스로와 우리 세계와 하느님의
심층으로 파고 들어갈 때에만 비로소 영원한 기쁨을 얻을 수 있게 될
것이다.

Ewige Freude ist das Ende aller Wege zu Gott.
Aber ewige Freude gewinnen wir nicht, wenn wir an der Oberfläche leben. Sondern wir erreichen sie, wenn wir hindurchbrechen durch die Oberfläche und eindringen in die tiefen Schichten unseres Selbst, unserer Welt und Gottes.

(Paul Tillich)

131 그리고 주님의 천사는 다시 왔다 그리고 그를 건드렸다 그리고 말했다:
일어서라 그리고 먹어라! 왜냐하면 너는 앞으로 갈 길이 멀기 때문이다.

Und der Engel des Herrn kam wieder und rührte
ihn an und sprach: Steh auf und iß! Denn du hast einen
weiten Weg vor dir.

(1. Könige 19, 7)

132 천사가 더 이상 오지 않는다면, 세계는 멸망할 것이다.
하느님이 지구를 지탱하는 동안에는, 하느님은 그의 천사들을 보내신다.
천사들은 모든 종교보다 나이가 많고, 종교에 관해 더 이상 아무것도 알고 싶어 하지 않는 사람들에게도 또한 찾아온다.

Käme kein Engel mehr, dann ginge die Welt unter. Solange Gott die Erde trägt, schickt er seine Engel. Die Engel sind älter als alle Religionen und kommen auch noch zu den Menschen, die von Religion nichts mehr wissen wollen.

(Claus Westermann)

133 왜냐하면 그는 그의 천사들에게 너를 너의 모든 길들에서 보호해줄 것과 너를 손위에 올려 운반해줄 것과 네가 너의 발을 돌에 부딪히지 않도록 명령했다.

Denn er hat seinen Engeln befohlen, dass sie dich behüten auf allen deinen Wegen, dass sie dich auf den Händen tragen und du deinen Fuß nicht an einen Stein stoßest.

(Psalm 91, 11.12)

134 내가 너에게 간청하면, 너는 내 소원을 들어주고, 내 영혼에 놀랄만한 힘을 준다.

Wenn ich dich anrufe, so erhörst du mich und gibst meiner Seele große Kraft.

(Psalm 138, 3)

Note

*jn. um Gnade/Hilfe anrufen*은 *jn. um Gnade/Hilfe bitten*처럼 '누구에게 은총/도움을 간청하다'를 뜻한다.

135 어떤 위안도 도달하지 않는 나락들에서,
너의 신뢰가 나에게 도달하게 하여라.
신앙이 차츰 사라지는 밤들에,
너의 은총이 나로부터 사라지지 않게 하여라.
아무도 나와 함께 가지 않는 길에서,
기도할 생각들이 사라지면,
어둠이 나를 차갑게 에워싸면,
너는 곤경에 처한 나를 보고자 한다.
내가 너의 손을 붙잡을 수 없으면,
나의 손을, 네가, 네 손 안으로 붙잡고,
나의 영혼을 진심으로 돌보고,
나를 한 좋은 종점으로 인도하여라.

(러시아에서 전사한 한 군인의 기도)

In den Tiefen, die kein Trost erreicht,
lass doch deine Treue mich erreichen.
In den Nächten, wo der Glaube weicht,
lass nicht deine Gnade von mir weichen.
Auf dem Weg, den keiner mit mir geht,
wenn zum Beten die Gedanken schwinden,
wenn mich kalt die Finsternis umweht,
wollest du in meiner Not mich finden.
Wenn ich deine Hand nicht fassen kann,
nimm die meine, du, in deine Hände,
nimm dich meiner Seele herzlich an,
führe mich zu einem guten Ende.

(Gebet eines in Russland gefallenen Soldaten)

136 내가 살아있는 것이 사실인 것처럼, 하느님인 주님께서 다음과 같이 말씀하시는 것도 사실이다:
나는 무신론자의 죽음을 좋아하지 않고,
무신론자가 그의 길에서 방향을 전환하여 돌아와서
살 것을 바란다. 그러므로 이제 너희들의 나쁜 길들로부터 되돌아오너라.
왜 너희들은 죽으려고 하느냐, 너희, 이스라엘 집안의 자식들아?

So wahr ich lebe, spricht Gott der Herr:
ich habe kein Gefallen am Tode des Gottlosen,
sondern dass der Gottlose umkehre von seinem Wege
und lebe. So kehrt nun um von euren bösen Wegen.
Warum wollt ihr sterben, ihr vom Hause Israel?

(Hesekiel 33, 11)

Note

예를 들어 *So wahr ich lebe, so scheint die Sonne heute.*는 '*So wie es wahr ist, dass ich lebe, so scheint auch heute wirklich die Sonne.*'를 뜻한다. 이것은 성경에 나오는 문체로서 '고어체'이며, '비교를 통한 강조'이다.

137 한 개의 새로운 대홍수(="노아의 홍수")가 부풀어 오른다,
이 대홍수는 하수들, 독극물들, 쓰레기더미들과 자연황폐화들로 이루어진다. 우리 스스로가 그 고통들을 우리들에게 가하여 그 대홍수 안에서 죽을 순간에 직면해 있다 -
우리 자신은 우리자신들과 모든 다른 생명체들을 그 대홍수로부터 구조해낼 의무가 있다.

Eine neue Sintflut schwillt an,
sie besteht aus Abwässern, Giften, Müllbergen,
Landschaftsverwüstungen. Wir selbst sind dabei,
sie uns zu bereiten und in ihr umzukommen –
wir selbst sind verpflichtet, uns und alle anderen
Lebewesen aus ihr zu erretten.

(Joachim Illies)

138 그 곳에서부터 내가 세계를 움직일 수 있는, 아르키메데스의 점은 내 자신의 변화이다. 인간이 자기 스스로의 내부에서 평화를 발견했을 때 비로소, 인간은 평화를 세계 안에서 찾으러 나설 수 있다.

Der archimedische Punkt, von dem aus ich an meinem Ort die Welt bewegen kann, ist die Wandlung meiner selbst. Erst wenn der Mensch Frieden in sich selber gefunden hat, kann er daran gehen, ihn in der Welt zu suchen.

(Martin Buber)

139 잘못을 계속 고수하는 자만이 나쁜 사람이다. 좋은 사람은 자신의 실수를 깨달으면 돌아선다.

Nur der Mann ist schlecht, der im Irrtum verharrt. Ein guter Mann kehrt um, wenn er seinen Fehler erkennt.

(Robert Kennedy)

140 그(=하느님 아버지)는 우리들을 어둠의 힘으로부터 구원했다, 그리고 그의 사랑하는 아들의 나라로 옮겨 놓았다.

Er hat uns errettet von der Macht der Finsternis und hat uns versetzt in das Reich seines lieben Sohnes.

(Kolosser 1, 13)

141 그리스도를 통해서 하늘나라의 모든 종교적 축복으로써 우리들에게 은총을 내려주었던, 우리들의 주님인 예수 그리스도의 아버지이신, 하느님께서는 찬양받을 지어라.

Gelobt sei Gott, der Vater unseres Herrn Jesus Christus, der uns gesegnet hat mit allem geistlichen Segen im Himmel durch Christus.

(Epheser 1, 3)

142 너에 대한 나의 소원은: 너의 선물들은 해가 지남에 따라서 더 증가해야만 할 것이다. 하느님이 그 선물들을 너에게 주셨다, 그리고 그 선물들은 네가 사랑하는 사람들의 마음을 기쁨으로 가득 채워야 할 것이다. 그리고 기쁨과 고통의 모든 시간에 하느님은 너와 함께 있을 것이고 너에게 은총을 내릴 것이다; 그리고 네가 하느님 근처에 계속 머물 것을 기원한다.

Mein Wunsch für dich ist: Deine Gaben sollen wachsen mit den Jahren. Gott hat sie dir geschenkt, und sie sollen die Herzen *derer, die du liebst*, mit Freude erfüllen. Und in jeder Stunde der Freude und des Leides wird Gott mit dir sein, dich segnen; und du *mögest* in seiner Nähe bleiben.

(Aus dem alten Irland)

Note

*derer*는 뒤에 오는 *die du liebst*('네가 사랑하는 사람들')을 미리 받아주는 '후방 지시사'(Katapher)이다. 그리고 *mögest*는 '기원'을 나타내는 '접속법 1식'이다.

143 바울이 말하기를: 그 때문에 나는, 하늘과 땅에서 하느님의 애들이라고 불리는 모든 것 위에 있는 친아버지 앞에서 무릎을 꿇는다. 우리들의 하느님 아버지께서 그의 넘쳐흐르는 영광에 따라서 너희들에게 하느님의 정신을 통해서 내면적 인간에게 강해질 수 있는 힘을 주시도록 기도드린다.

Paulus sagt: Deshalb beuge ich meine Knie vor dem Vater, der der rechte Vater ist über *alles, was* da Kinder heißt im Himmel und auf Erden, dass er euch Kraft gebe nach dem Reichtum seiner Herrlichkeit, stark zu werden durch seinen Geist an dem inwendigen Menschen.

(Epheser 3, 14-16)

Note

*alles*는 '부정(不定) 대명사'(Indefinitpronomen)로서 관계대명사중에서 *was* 만이 그것을 받아줄 수 있다.

144 정의와 모든 세계축복의 샘, 사랑과 인류의 형제애의 샘, 이 샘은 우리가 하느님의 자식들이란 위대한 생각에 근거를 두고 있다.

Die Quelle der Gerechtigkeit und alles Weltsegens, die Quelle der Liebe und des Brudersinnes der Menschheit, diese beruht auf dem großen Gedanken, dass wir Gottes Kinder sind.

(Johann Heinrich Pestalozzi)

145 주님이 말씀하시길, 그러나 타락한 자/신앙이 없는 자들은 평화가 없다.

Aber die Gottlosen, spricht der Herr, haben keinen Frieden.

(Jesaja, 48, 22)

146 현대의 큰 환상은 하느님으로부터 벗어나서도 평화를 만들어낼 수 있다고 생각하고, 무신론과 평화없음 사이의 관계를 간과하는 데 있다.

Die große Illusion der Moderne *besteht* ***darin***, *zu meinen*, dass man Gott loswerden und Frieden schaffen könne, und den Zusammenhang zwischen Gottlosigkeit und Friedlosigkeit *zu übersehen*.

(Michael Heymel)

Note

darin은 *zu meinen*과 *zu übersehen*을 앞에서 미리 받아주는 '후방지시사'(Kataphor) 성격의 '상관사'(Korrelat)이다.

147 우리가 마음으로부터 믿음을 갖고 있다면, 우리는 하느님과 올바른 관계에 놓이게 되고; 그리고 우리가 입으로 신앙을 고백하면, 그것을 통해서 우리는 또한 구원을 얻게 됩니다.

Wenn man von Herzen glaubt, so wird man gerecht; und wenn man mit dem Munde bekennt, so wird man gerecht.

(Römer 10, 10)

148 마치 자기보존이 목적 자체인 양,
최근 몇 년간 단지 자기보존을 위해서 투쟁한
우리들의 교회는 인간들과 세계를 위한
화해시키고 구원하는 말의 담당자가 될 능력이 없다.
그러므로 이전의 말들은 무력하게 되고 입을 다물어야 한다.
그리고 우리들이 기독교인이라는 사실은 단지 다음 2가지에서
증명될 수 있을 것이다: 기도하기와 인간들 한가운데에서
정의로운 일을 하는 가운데.

Unsere Kirche, die in diesen Jahren nur
um ihre Selbsterhaltung gekämpft hat, als
wäre sie ein Selbstzweck, ist unfähig, Träger
des versöhnenden und erlösenden Wortes für
die Menschen und für die Welt zu sein.
Darum müssen die früheren Worte kraftlos
werden und verstummen, und unser Christsein
wird heute nur in zweierlei bestehen: im Beten
und im Tun des Gerechten unter den Menschen.

149 너희들의 이웃을 너희들 자신처럼
사랑하라 그리고 가난한 사람들에게 힘껏
자선을 베풀어라.
낯선 사람들을 너희들의 집에 받아들여라,
병든 사람들을 방문하라,
포로들에게 자비를 베풀어라.

Liebet euren Nächsten
wie euch selbst und

reicht nach euren Kräften
den Armen Almosen dar.
Die Femden
nehmt in eure Häuser auf,
besucht die Kranken,
übt an den Gefangenen
Barmherzigkeit.

(Karl der Große)

Note

'4격 보충어' *Die Femden*을 문두에 두어 '테마'로 강조한 어순이다.

150 첫째: 어떤 외적 평화도 인간들의 내적 평화 없이는
지켜낼 수 없다.
둘째: 평화는 오로지 자유를 통해서 가능하다.
셋째: 자유는 오로지 진리를 통해서.....
진리에 헌신함으로써 비로소 충족된 자유가 가능하다.
자유 없는 평화란 존재하지 않고,
그러나 진리 없이는 자유도 있을 수 없다.

Erstens: Kein äußerer Friede ist ohne den
inneren Frieden der Menschen zu halten.
Zweitens: Friede ist allein durch Freiheit.
Drittens: Freiheit ist allein durch Wahrheit
.... Erst in der Hingabe an Wahrheit ist erfüllte
Freiheit möglich. Kein Friede ohne Freiheit,
aber keine Freiheit ohne Wahrheit.

(Karl Jaspers)

151 인간이 모든 그의 영혼의 힘을 이성적인
판단에 따라서 활동시키고, 다음과 같은 한 목표를
자신의 눈앞에 두는 것은 필수적이다, 즉 이 목표:
인간에게 가능한 한,
전능하고 고귀하신 분인 하느님의 본질을 이해하는 것.

Es ist notwendig, dass der Mensch alle
seine Seelenkräfte nach vernünftigem Ermessen
wirksam sein lasse und sich ein Ziel vor Augen
setze, nämlich dies: Gott den Allmächtigen und
Erhabenen zu erfassen, soweit es dem Menschen möglich ist.

(Maimonides)

152 나에게 남는 인생이란 죽음에 대한
침착하고 명랑한 준비이외의 어떤 것이
되어서도 안 된다. 나는 죽음을 받아들이고
믿음과 신뢰 속에서 죽음을 기다리고 있다.
나 자신에 대한 신뢰가 아니라, 주님의
영원한 자비에 대한 신뢰이니, 왜냐하면
나는 한 불쌍한 죄인이기 때문이다.

Das Leben, das mir verbleibt, soll nichts
als eine gelassen-heitere Vorbereitung auf den
Tod sein. Ich nehme ihn an und erwarte ihn
im Glauben und Vertrauen. Vertrauen nicht
in mich selbst, denn ich bin ein armer Sünder,
aber in die unendliche Barmherzigkeit des Herrn.

(Johannes XXIII.)

153 너는 네 인생을 더 길게 할 수도 없고,
더 넓게 할 수도 없다, 단지 더 깊게 할 수 있을 뿐이다.

Du kannst dein Leben nicht *verlängern*
noch *verbreitern*, nur *vertiefen*.

(Gorch Fock)

Note

*verlängern, verbreitern*과 *vertiefen*은 '작위동사'(Faktitiva)로서, 'BA machen'으로 의미풀이가 된다: 즉 'länger machen', 'breiter machen', 'tief machen'을 뜻한다. 앞 2번은 '비교급'이 '토대 형용사'(Basisadjektiv)이고, 마지막은 '원급'이 '토대 형용사'이다.

154 나는 주님인 너에게 이 작은 날을 극복하기위한
큰 힘을 간청한다, 너에게로 향한 그 먼 길에서
한 작은 걸음을 계속 가기위한 그 큰 힘을.

Ich bitte Dich, Herr, um die große Kraft,
diesen kleinen Tag zu bestehen,
um auf dem großen Wege zu Dir
einen kleinen Schritt weiterzugehen.

(Ernst Ginsberg)

155 하느님인 주님께서 말씀하신다:
나는 너희들을, 어머니가 자식을 위로하듯이, 위로하겠다.

Gott der Herr spricht:
Ich will euch trösten, wie einen seine Mutter tröstet.

(Jesaja 66, 13)

156 인간이 죽음을 두려워하는 동안은, 인간은 아무 것도 극복할 수 없다. 그러나 인간이 죽음을 더 이상 두려워하지 않으면, 모든 것이 그의 것이다.

Über nichts kann der Mensch Herr werden,
solange er den Tod fürchtet, Wer aber den Tod
nicht mehr fürchtet, dem gehört alles.

(Leo N. Tolstoi)

Note

über etw.[4]/jn. Herr werden: '무엇/누구를 극복/제압하다'

157 인간은 단지 한 순간만 살고 존재한다;
그리고 모든 세상은 그것의
아름다움과 함께 사라진다.
단지 한 분만이 영원하고 모든 종점들에도 계시니,
그리고 우리는 그 분의 두 손 안에 있다.

Der Mensch lebt und bestehet
Nur eine kleine Zeit;
Und alle Welt vergehet
Mit ihrer Herrlichkeit.
Es ist nur *Einer* ewig und an allen Enden,
Und wir in seinen Händen.

(Matthias Claudius)

Note

*Es*는 '테마 Es' 또는 '허사 Es'라고 불리며, 주어 자리에 오는 'Platzhalter'로서 *Einer*를 '레마' 자리에 오게 하여 강조해주는 역할을 한다.

158 빛이 세상으로 왔다. 각자(各自)는 이웃사랑의 빛 속에서 살아갈지 이기주의/사리사욕의 어둠 속에서 살아갈지 결정해야 한다. 그것에 따라서 우리는 평가받는다. 가장 중요하고 긴급한 질문은 그러므로 다음과 같다: 너는 다른 사람들을 위해서 무엇을 했는가?

Das Licht ist in die Welt gekommen. Jeder muss sich entscheiden, ob er im Licht der Nächstenliebe oder im Dunkel der Eigensucht wandeln will. Danach werden wir beurteilt. Die wichtigste und dringlichste Frage lautet daher: Was hast du für andere getan?

(Martin Luther King)

159 너는 인간이었지만, 하느님이 되고자 했다, 그래서 패배했다. 그는 하느님이었지만, 인간이 되고자 했다. 너의 인간적 자만심이 너를 그렇게 심하게 넘어뜨려서, 단지 한 분의 하느님의 겸손만이 너를 다시 일으켜 세울 수 있었다.

Du wolltest Gott sein, obwohl du Mensch warst, und gingst so verloren. Er wollte Mensch sein, obwohl er Gott war. *So schwer* schlug dein menschlicher Stolz dich nieder, *dass* nur die Demut eines Gottes dich wieder aufrichten konnte.

(Aurelius Augustinus)

Note

- *So schwer*를 문두에 두어서 '테마'로 강조한 어순이다.
- *dass*....는 '그 결과'를 나타내는 부분이다.

160 우리들에게 나타난 하느님의 아들을
성탄절에 일어나는 것과 같은 감사로써 찬양하라,
그의 이름을 존경하고, 그를 지금 그리고 한 평생 믿으라.

Lobt Gottes Sohn, der uns erschien,
Mit weihnachtlichem Dank,
Ehrt seinen Namen, glaubt an ihn
Jetzt und ein Leben lang.

(Detlev Block)

161 하느님이 그의 민족을 방문하여 구원하였다.

Gott hat besucht und erlöst sein Volk.

(Lukas 1, 68)

162 항상 다시금, 또한 오늘날에도,
구세주는 축복을 내리기 위한 도상에 계신다,
우리들의 불안들과 눈물들과 질문들과
탄식들에 대해서 조용한 시선으로 대해주기 위한 도상에 계신다.
단지 애들의 눈만 그 시선을 감당할 수 있기 때문에,
그 시선(주님의 시선)을 우리는 감히 마주볼 수가 없노라.

Immer wieder, auch in diesen Tagen,
Ist der Heiland unterwegs zu segnen,
Unsern Ängsten, Tränen, Fragen, Klagen
Mit stillem Blicke zu begegnen,
Den wir doch nicht zu erwidern wagen,
Weil nur Kinderaugen ihn ertragen.

(Hermann Hesse)

163 사랑의 본질은 우리가 하느님을 사랑했다는 사실에 있지 않고, 하느님이 우리를 사랑했고, 우리들의 죄들을 화해시키기 위해서 자신의 아들을 보내었다는 사실에 있다.

Darin besteht die Liebe: *nicht, dass* wir
Gott geliebt haben, *sondern* dass er uns geliebt
hat und gesandt seinen Sohn zur Versöhnung
für unsere Sünden.

(1. Johannes 4, 10)

Note

- *in etw*[3]*. bestehen*: '내용/본질이 무엇에 있다'.
- *Darin*은 *dass*.....를 받는 '상관사'(Korrelat)이다.
- *nicht*...., *sondern*은 '...이 아니라, ...이다'를 뜻하고, 항상 함께 온다.

164 제 3세계에 사는 10명 중 1명의 아이는 굶주림 때문에 죽는다, 왜냐하면 우리가 대륙간 로켓트들과 중선자탄들과 요격위성들의 개발에 몰두하고 있기 때문이다.

Jedes zehnte Kind in der Dritten Welt
stirbt vor Hunger, weil wir mit der Entwicklung
von Interkontinentalraketen, Neutronenbomben und
Killersatelliten beschäftigt sind.

(Walter Jens)

Note

- *sich beschäftigen mit*: '...에 몰두하다';
- *mit etw.*[3] *beschäftigt sein*: '...에 몰두하고 있다'. 즉 '상태 수동'이다.

165 모든 이념들은 숨 쉬는 아이와 더불어
시작되지 않는다는 병을 앓고 있다.

Daran kranken alle Ideologien, *dass sie nicht mit einem atmenden Kind beginnen.*

(Rudolf Bösinger)

Note

*Daran*은 *dass*.....를 미리 가리키는 '후방 지시사'(Kataphor)이자 '상관사'(Korrelat)로서, '테마'로 강조하기 위해서 문두에 두었다.

166 어떤 사람들은 말하길: 자기 내면의 성찰을 하라,
그 곳에서 너희는 평안을 찾을 것이다. 그리고 그것은
사실이 아니다. 다른 사람들은 말하길:
밖으로 향해라 그리고 자신을 즐겁게 하면서
행복을 추구하라. 그리고 그것도 사실이 아니다.
행복은 우리 바깥에도 있지 않고, 우리 안에도
있지 않다. 행복은 하느님 속에 있다.

Die einen sagen: Haltet Einkehr bei euch selbst, dort werdet ihr Ruhe finden. Und das ist nicht wahr. Die anderen sagen: Wendet euch nach außen, sucht das Glück, indem ihr euch zerstreut. Und das ist nicht wahr. Das Glück ist *weder* außer uns noch in uns; es ist in Gott.

(Blaise Pascal)

167 새해의 문에 서 있는
그 천사에게 나는 말했다:
나에게 빛을 한 개 달라,
내가 확실한 걸음으로 불확실한 세계를
향해 나아갈 수 있도록!
그러나 그는 대답했다:
어둠 속으로 그냥 들어가서,
하느님의 손에 너의 손을 놓아라!
그것이 한 개의 빛보다 더 좋고,
한 개의 아는 길보다 더 안전하다.

Ich sagte zu dem Engel,
der an der Pforte des neuen Jahres stand:
Gib mir ein Licht,
damit ich sicheren Fußes der Ungewißheit
entgegengehen kann!
Aber er antwortete:
Gehe nur hin in die Dunkelheit
und lege deine Hand in die Hand Gottes!
Das ist besser als ein Licht
und sicherer als ein bekannter Weg!

(Worte eines chinesischen Christen)

168 주 예수를 믿으시오, 그러면 너와 너의 집안이 다
구원을 얻을 것입니다.

Glaube an den Herrn Jesus, so wirst du
und dein Haus selig!

(Apostelgeschichte 16, 31)

169 여러분은 늘 깨어 있으십시오. 굳건한 믿음을 가지고 씩씩하고 용감한 사람이 되십시오. 너희의 모든 일을 사랑으로 처리하십시오.

Wachet, steht im Glauben, seid mutig und seid stark! Alle eure Dinge laßt in der Liebe geschehen!

(1. Korinther 16, 13.14)

170 하느님은 우리가 행복해지고,
우리 인생이 성공하기를 원하신다.

Gott *will*,
dass wir
glücklich werden
und unser Leben
gelingt.

(Hans-Martin Köbler)

Note

*will*은 '원하다'(wünschen)라는 의미로 사용되었다.

PART VI.

인생과 행복에 관한 명언들

1 사람들은 기쁨을 만드는 것을 통해서만 기쁨을 가질 수 있다.

***Freude** kann* man nur haben, indem man Freude macht.

(Karl Barth, 1886-1968)

Note

Freude는 문두에 두어 '테마'로 강조되었고, 정동사는 문장의 2번째 자리에 와야 하므로 화법조동사 *können*의 3인칭 단수형인 *kann*이 그 다음 자리에 오게 되었다.

2 그래서 나는 다음 사실을 깨닫게 되었다: 인간은 그 자신의 행동을 통해서 기쁨을 얻을 수 있게 되지 않고서는 행복이란 없다.

So habe ich eingesehen: es gibt kein Glück, es sei denn, *der Mensch* kann durch sein Tun Freude gewinnen.

(Koh 3, 22)

Note

*der Mensch*는 '인간'이란 '종속(Gattung)'을 나타내지, 특정의 '**그 사람**'을 표현하는 것은 아님에 주의해야 할 것이다.

3 매일은 행복하게 되기 위해서, 한 개의 영원처럼 너에게 주어진다.

Jeder Tag wird dir gereicht wie eine Ewigkeit, um glücklich zu sein.

4 안개 속에서 방랑하는 것은 이상야릇하구나!
인생이란 고독한 것이다. 어떤 인간도 다른 인간을 모른다.
각자(各者)는 홀로 있다.

Seltsam, im Nebel zu wandern!
Leben ist Einsam-sein.
Kein Mensch kennt den andern, jeder ist allein.

(Hermann Hesse, 1877-1962)

5 진짜로 처세에 능한 사람들은, 그들이 불행하지만 않으면, 벌써 행복하다.

Die wahren Lebenskünstler sind bereits glücklich, wenn sie nicht unglücklich sind.

(Jean Anouilh, 1910-1987)

6 기쁨과 행복은 결코 밖에서 오지 않는다, 그들은 항상 마음에서부터 성장한다.

Freude und Glück kommen niemals von außen,
sie wachsen immer von innen.

(Phil Bosmans)

7 마음의 기쁨은 인간을 위한 생명이요,
기뻐하는 마음은 그에게 사는 날들을 연장시켜준다.

Herzensfreude ist Leben für den Menschen,
Frohsinn verlängert *ihm* die Tage.

(Sir 30, 22)

Note

*ihm*은 '이익의 3격'(dativus commodi)으로서 'für ihn'으로 의미풀이가 될 수 있다.

8 한 번도 넘어지지 않는 자가 성스러운 것이 아니라, 넘어졌으면 다시 일어설 수 있는 자가 성스럽다.

Nicht der ist heilig,
der niemals fällt,
sondern der,
der sich wieder erheben kann,
wenn er gefallen ist.

(Alja Rachmanova)

9 이 지구위의 어떤 것에도 집착하지 않는 자가 행복하다.

Glücklich, wer sich an nichts auf dieser Erde hängt.

(André Gide)

10 이 세상을 다 얻고도, 자기 자신을 잃고 화를 당한다면, 그것이 한 사람에게 무슨 소용이 있겠는가?

Was nützt ***es*** einem Menschen,

wenn er die ganze Welt

gewinnt, dabei aber

sich selbst verliert und Schaden nimmt?

(Lk 9, 25)

Note

es는 *wenn*....부문장을 받아주는 '상관사'이다.

11 이것이 나의 명령이다:
서로를 사랑하라, 내가 너희들을 사랑한 것처럼.

Das ist mein Gebot:

Liebt einander, so wie ich euch geliebt habe.

12 가장 중요한 시간은 항상 현재이다. 가장 중요한 사람은 항상, 지금 바로 너 앞에 서 있는 바로 그 사람이다. 가장 필수적 일은 항상 사랑이다.

Die wichtigste Stunde ist immer die Gegenwart.

Der bedeutendste Mensch ist immer der,

der gerade vor dir steht.

Das notwendigste Werk ist stets die Liebe.

(Meister Eckehard, 1260-1327)

13 용감하라, 솔직하라, 너 자신이어라!

Bleib tapfer,
bleib aufrecht,
bleib du!

(Kurt Tucholsky)

14 한 믿을 수 있는 친구는 한 개의 견고한 천막과 같다; 그런 친구 한 사람을 발견하는 자는 한 개의 보물을 발견한 거나 진배없다.

Ein treuer Freund ist wie ein festes Zelt;
wer einen solchen findet, hat einen Schatz gefunden.

(Sir 6, 14)

15 양심의 문제들에서는 다수의 법칙이 적용되지 않는다.

In Gewissensfragen gilt das Gesetz der Mehrheit nicht.

(Mahatma Gandhi 1869-1948)

16 기도하는 한 사람이 하느님에게 가까이 오면 올수록, 그는 더욱 더 감사하는 한 사람으로 된다.

Je näher ein Betender zu Gott kommt,
um so mehr wird er ein Dankender.

17 부드러움이 우리의 장점이다. 그것이 모든 어려운 문제들을 풀고, 모든 장애를 제거한다.

Die Mlide ist unsere Stärke.
Sie löst alle Schwierigkeiten und
beseitigt jedes Hindernis.

(Papst Johannes XXIII, 1881-1963)

18 기도하기는 호흡하기처럼 필수적이다. 우리는 숨 쉴 시간이 없다고는 결코 말하지 않는다.

Beten ist so notwendig wie *Atmen*.
Wir sagen niemals,
wir haben keine Zeit zu atmen.

(Sundar Singh)

Note

동사를 명사화하면 대문자로 된다: *das Atmen.*

19 한 사람의 타인이 99가지의 단점을 갖고 있고, 1가지의 장점을 갖고 있다고 너는 확신하는가? 그러면 이 한가지의 좋은 재능에 대해 이야기하라, 그러면 스스로 새로운 장점들이 추가로 올 것이다.

Bist du überzeugt, dass ein anderer neunundzwanzig schlechte Seiten hat und eine gute? Dann rede über diese eine gute Gabe, und von selbst kommen *neue* hinzu.

(Phil Bosmans)

Note

neue 다음에 *Gaben*이 생략되었다.

20 기꺼이 살고, 기꺼이 일하라. 해야 할 많은 좋은 일들이 있다. 인생을 사랑하라! 그것은 수고할 만한 가치가 있다.

Lebe gern und arbeite gern.
Es gibt so viel Gutes zu tun.
Liebe das Leben!
Es ist *der Mühe wert*.

(Phil Bosmans)

Note

2격 + *wert*: '...할 만한'; 4격 + **wert**: '값이 얼마인'

21 정신의 언덕은 겸손의 문을 통해서 통과될 때만이 정복될 수 있다.

Höhe des Geistes kann nur *erklommen* werden,
wenn durch das Tor der Demut geschritten wird.

(Rudolf Steiner 1861-1928)

Note

*erklimmen*은 '결과 완료'(resultativ-perfektiv)의 '동작태'(Aktionsart)로서 'durch Basisverb(=*klimmen*) erreichen'을 의미한다, 즉 *Die Höhe erklimmen*은 '언덕의 정상에 도달하다'를 뜻한다.

22 월요일 아침을 금요일 저녁의 기분으로 시작하라.

Fang den Montagmorgen mit der Stimmung von Freitagabend an.

(Phil Bosmans)

23 딱딱한 것과 강한 것은 쓰러질 것이다. 부드럽고 약한 것이 보다 오래 견딜 것이다.

Das Harte und Starke wird fallen.
Das Weiche und Schwache wird überdauern.

(Lao-tse, 4.Jh. v. Chr.)

Note

*Das Harte und Starke*와 *Das Weiche und Schwache*에서 형용사가 대문자로 쓰인 것은 형용사의 명사화에 기인한다.

24 네가 너무 급히 달리면, 너는 목표에 도달하지 못 한다; 네가 너무 급히 도망가더라도, 너는 달아나지 못 한다.

Läufst du zu rasch, erreichst du das Ziel nicht;
fliehst du zu schnell, entkommst du nicht.

(Sir 11, 10)

25 오늘날에는 모든 것이 급히 진행되어야 한다. 전혀 여유 있는 시간이라고는 없는 이 시대에 너는 인간으로 남도록 노력하라. 너 자신을 너무 시간에 쫓기게 하지 마라! 달팽이마저도 노아의 방주에 도착했다.

Heute muss alles schnell gehen. In dieser Zeit, die keine Zeit hat, versuche Mensch zu bleiben. Lass dich nicht hetzen! Auch die Schnecke erreichte die Arche Noah.

(Phil Bosmans)

26 한 평생 인간은 고향을 찾는다. 그가 영원히 살 수 있는 유일한 집은 사랑이다.

Das ganze Leben lang ist *der Mensch* auf der *Suche nach* einem Zuhause. Das einzige Haus, in dem er ewig wohnen kann, ist die Liebe.

(Phil Bosmans)

Note

- *der Mensch*와 *die Liebe*는 '특정한 사람 또는 특정한 사랑'이 아니라 '사람 또는 사랑 일반', 즉 종속(Gattung)을 나타낸다. *Suche nach*는 동사 *suchen nach*에서 파생된 명사이므로 똑 같게 전치사 *nach*를 요구한다.
- *Das ganze Leben lang*: 형용사 *lang*은 4격 명사를 자신의 앞에 오게 한다: *vier Tage lang; eine vier Meter lange Schlange; ein eineinhalb Stunden langer Vortrag; Wir haben zwei Stunden lang auf dich gewartet!; jm. einen vier Seiten langen Brief schreiben.*

27 인간의 마음이 그의 얼굴을 변화시키고, 그 얼굴을 명랑하거나 슬프게 만든다.

Das Herz des Menschen verändert *sein Gesicht* und macht *es* heiter oder traurig.

(Sir, 13, 15)

Note

독일어에서는 같은 명사를 되풀이하는 대신에 대명사로 받아주므로, *sein Gesicht*를 중성명사 4격을 나타내는 *es*로 받아주게 되었다.

28 기쁨이 보이는 곳에서는, 너희는 그 기쁨을 꼭 붙잡아라!

Wo die Freude sich blicken lässt, da haltet sie fest!

(August Heinrich von Fallersleben, 1798-1874)

29 너희는 희망 속에서 기뻐하라, 곤궁 속에서 인내하라, 기도 속에서 끈기 있어라!

Seid fröhlich in der Hoffnung,
geduldig in der Bedrängnis,
beharrlich im Gebet!

(Röm 12, 12)

30 내 친구들이여, 하느님에게 기쁜 마음을 간청하여라, 너희는 애들처럼, 하늘의 새들처럼 즐거워하여라!

Meine Freunde,
bittet Gott um Fröhlichkeit, seid fröhlich wie die Kinder,
wie die Vögel des Himmels.

(Fjodor M. Dostojewski, 1821-1881)

31 오늘의 행복은 불행을 잊게 하고, 오늘의 불행은 행복을 잊게 한다.

Das Glück von heute lässt das Unglück vergessen,
das Unglück von heute lässt das Glück vergessen.

(Sir, 11, 25)

32 회오리바람은 아침 한 나절도 지속되지 않고,
나쁜 날씨도 하루 종일은 계속되는 법이 없다.

Ein Wirbelwind währt keinen Morgen lang,
Ein Unwetter währt keinen ganzen Tag.

(Lao-tse, 4.Jh. v. Chr.)

33 우리가 빛을 더 잘 볼 수 있도록, 하느님은 (우리들에게) 그림자를 주었다.

Gott gab den Schatten, damit wir das Licht besser sehen können.

(Mt. 26, 47-56)

34 십자가가 있기 전에는 하늘(=천국) 안으로 들어가는 사다리는 하나도 없었다.

Ehe *das Kreuz war, gab es keine Leiter* in den Himmel.

(Augustinus)

Note

Enom(주어) + *sein*은 *es gibt* + Eakk과 마찬가지로 '무엇이 있다'라는 의미이다.

35 인생이란 매일 매일 더 많이 부서져 조각나는 한 개의 돌이 아니라, 신(神)적인 조각가가 그 작품이 마침내 놀랄만한 완전성 속에서 완성되는 그 순간까지, 매일 다듬는 한 개의 대리석 덩어리이다.

Das Leben ist nicht ein Stein,
der Tag für Tag mehr zerbröckelt,
sondern ein Marmorblock,
den der göttliche Bildhauer
jeden Tag bebaut
bis zu dem Augenblick,
da das Werk schließlich in wunderbarer
Vollkommenheit vollendet ist.

(Jean Harang)

36 변화들은 변화된 사람들만을 출발점으로 삼을 수 있다.

Nur von Verwandelten können Wandlungen ausgehen.

(Sören Kierkegaard)

37 아멘, 아멘, 나는 너희에게 말하노니: 믿는 자는 영원한 생명을 얻을 것이다.

Amen, amen, ich sage euch: Wer glaubt, hat das ewige Leben.

(Joh 6, 47)

38 가장 많은 기쁨이 있는 곳에, 또한 가장 많은 진리가 또한 있다.

Dort, wo die meiste Freude ist, ist auch die meiste Wahrheit.

(Paul Claudel)

39 사람에서 사람으로의 약간의 사랑이 인류에 대한 모든 사랑보다 더 좋다.

Ein wenig Liebe von Mensch zu Mensch
ist besser als alle Liebe zur Menschheit.

(Richard Dehmel)

40 나는 나를 믿는 자는 누구든지 어둠 속에 남아 있지 않도록, 이 세상에 온 바로 그 빛이다.

Ich bin das Licht, das in die Welt gekommen ist,
damit jeder, der an mich glaubt, nicht in der Finsternis bleibt.

(Joh 12, 46)

41 기도하기란 많이 말하는 것이 아니라, 많이 사랑하는 것이다.

Beten heißt nicht: viel reden, sondern viel lieben.

(Theresia von Lisieux)

42 아주 부유해지는 자는, 자주 아주 무정해진다.

Wer *steinreich* wird, wird oft *steinhart*.

Note

*steinreich*와 *steinhart*는 'sehr reich'와 'sehr hart'의 의미를 가지며, *Mordshitze*('eine sehr große Hitze'), *Mordskälte*('eine sehr große Kälte')와 마찬가지로 '감정적으로 강조하는'(emotional verstärkend) 문체이다.

43 매 순간이야말로 항상 우리 영혼이 하느님에게로 가기 위한 가장 짧은 지름길이다.

Der jeweilige Augenblick ist stets der kürzeste Weg unserer Seele zu Gott.

(Wilfred Monod; Phil 1, 12-18a)

44 좋은 책 한 권을 선물하는 자는, 돈, 빵과 일보다 더 많은 것을 주는 것이다; 그는 평화, 기쁨, 명랑성을 준다.

Wer ein gutes Buch verschenkt, der gibt mehr als Geld, Brot und Arbeit; er gibt Frieden, Freude, Frohsinn.

(Hermann Löns; Phil 1, 1-11)

45 사람들이 더 많이 서로 대화를 한다면, 고독은 파산선고를 받을 텐데.

Die Einsamkeit wäre zum Konkurs verurteilt,
würden die Menschen mehr miteinander sprechen.

Note

*würden die Menschen mehr miteinander sprechen*은 *wenn die Menschen mehr miteinander sprechen würden*에서 *wenn*을 생략했을 때의 부문장 형태이다. 접속법 2식은 '비현실 또는 가정'을 표현 한다: '사람들이 사실은 서로 대화를 많이 하지 않아 고독하다'는 가정을 전제하고 있다.

46 그것이 영원한 생명이다: 유일한 참된 하느님인 너와 네가 보냈던 예수 그리스도를 인식하는 것.

Das ist das ewige Leben: dich, den einzigen wahren Gott zu erkennen und Jesus Christus, den du gesandt hast.

(Joh 17, 3)

47 너희들은 그리스도와 함께 부활되었다; 그러므로 그리스도가 하느님의 오른 쪽에 앉아있는, 하늘나라에 있는 것을 추구하라!

Ihr seid mit Christus auferweckt; darum strebt nach *dem, was* im Himmel ist, wo Christus zur Rechten Gottes sitzt."

(Kol 3, 1)

Note

관계대명사 *was*의 선행사로는 지시대명사(*das*), 부정대명사(Indefinitpronomen)(*etwas, nichts, manches*), 중성 명사로 사용된 수(數) 형용사(*eines, vieles*), 중성 명사로 사용된 형용사의 최상급(*das Beste*) 등이 올 수 있다.

48 현세의 물건들은 하느님이 임대해 준 선물들이다 – 그것들은 단지 너희들이 잠정적으로 이용하도록 임대되어 주어져 있을 뿐이다.

Die irdischen Dinge sind *Leihgaben Gottes* – sie sind euch zur Nutznießung gegeben.

(Phil 3, 12-21)

Note

*Leihgaben Gottes*는 'Gaben, die Gott uns geliehen hat 하느님이 우리에게 빌려준 선물'이란 뜻이다.

49 불확실한 미래를 직면하여, 우리 애들 안에 서로를 곤경 속에 내버려 두지 않는 능력을 배양하는 것이 무엇보다도 중요하다.

Angesichts der unsicheren Zukunft geht es vor allem darum, die Fähigkeit, einander nicht im Stich zu lassen, in unseren Kindern zu entwickeln.

(Hermann Gmeiner; Gen 27, 41-28, 5)

50 생명을 연장시키는 비밀은 그것을 경솔하게 단축시키지 않는 데 있다.

Das Geheimnis, das Leben zu *verlängern*, besteht darin, es nicht mutwillig zu *verkürzen*.

(Gen 27, 30-40)

Note

*verlängern*과 *verkürzen*은 'etw. länger machgen', 'etw. kurz machen'으로 의미가 풀이되는 '작위동사'(Faktitiva)이다.

51 열린 눈들로 너는 많은 기적들을 본다. 한 개의 좋은 마음을 가지면, 너를 통해 기적들이 생겨난다.

Mit offenen Augen siehst du viele Wunder.
Mit einem guten Herzen *geschehen Wunder* durch dich.

(Erich Legler; Gen 25, 19-34)

Note

*Wunder*는 단수와 복수가 형태가 같지만, 동사의 형태가 *geschieht*가 아니고, *geschehen*이므로 '복수'이다.

52 이웃을 부족한 그대로 참을성 있게 견뎌내는 사람은 복되도다.

Selig (ist) der Mensch, der den Nächsten in seiner Unzulänglichkeit geduldig erträgt.

(Franz von Assisi; Gen 24, 50-67)

53 밤이 가장 어두우면, 여명(=새벽)이 가장 가깝다.

Wenn die Nacht am dunkelsten (ist),
ist die Dämmerung am nächsten.

(Amerikanisches Sprichwort)

54 우리는, 우리가 다른 사람들에게 주는 만큼, 더 부유해진다.

Wir werden reicher *in dem Maße wie* wir anderen geben.

(Lao-tse)

Note

*in dem Maße wie*는 '....하는 만큼'의 의미이다.

55 한 번의 부드러운 시선과 한 번의 미소 짓기는 한 개의 성공한 대화보다 종종 더 많은 것을 의미한다.

Ein freundlicher Blick und ein Lächeln bedeuten oft mehr als ein gelungenes Gespräch.

(Stefan Wyszynski; Gen 39, 1-23)

56 인내는 기쁨의 열쇠이다.

Die Geduld ist der Schlüssel der Freude.

(Arabisches Sprichwort; Gen 40, 1-23)

57 생애전체와 하루하루는 마찬가지이다: 어떤 하루도 우리에게 충분치 않고, 어떤 하루도 아주 아름답기만 하지는 않고, 매일 매일은 그 날의 괴로움과 불완전성을 갖고 있다. 그러나 그날들을 모두 합산해보라, 그러면 기쁨과 생명의 총액이 산출되어 나올 것이다.

Wie mit den Lebenszeiten,
so ist es auch mit den Tagen:
keiner ist uns genug,
keiner ist ganz schön,
jeder hat seine Plage
und seine Unvollkommenheit.
Aber rechne sie zusammen,
so kommt eine Summe Freude und Leben heraus.

(Friedrich Hölderlin; Ps 107, 1-22)

58 전체의 진리를 다 인식한다는 것은 인간의 능력에 주어져 있지 않다. 그의 과제는 그가 인식하는 대로의 진리에 따라 사는 데 있고, 그 때에 가장 순수한 수단들, 즉 비폭력을 이용하는 데 있다.

Es ist den Menschen nicht gegeben,
die ganze Wahrheit zu erkennen.
Seine Aufgabe besteht darin,
auf die Wahrheit
hin zu leben,
so wie er sie erkennt,
und dabei *zu den reinsten Mitteln zu greifen*,
nämlich zur Gewaltlosigkeit.

(Mahatma Gandhi, 1869-1948)

Note

zu etw. greifen: '무엇을 하려고 손에 쥐다'(*zur Feder greifen* = 펜을 잡다/집필하다).

59 자아단련을 연습하기위해 산들의 동굴들 안이나 숲들 안으로 가는 것이 필수적인 것은 아니다. 우리는 그것을 우리들의 매일의 일상생활에서 할 수 있다.

Es ist nicht notwendig, in die Höhlen der Berge oder in die Wälder zu gehen, um Selbstdisziplin zu üben. Wir können das in unserem täglichen Leben tun.

(Hazrat Inayat Khan)

60 평화란 모든 사물들이 정상이고, 인간이 자신과 완전히 일치를 이루는 것을 말한다. 평화 – 환영의 뜻을 나타내기 위해 과연 이것보다 더 좋은 인사를 말할 수 있을까?

Friede heißt, dass alle Dinge *im rechten Lot sind* und der Mensch im vollen Einklang mit sich selbst ist. *Schalom* – könnte man zum Willkommen einen besseren Gruß sagen?

(Gertrude und Thomas Sartory, 1925-1982)

Note

- *im rechten Lot sein*: '정상이다'를 뜻하는 숙어이다.
- *Schalom*: 히브리어로서 '평화'를 뜻하는 인사말이다.

61 오늘날 사람들은 모든 것의 가격은 알지만, 아무 것의 참된 가치는 모른다.

Heute kennt man von allem den Preis, von nichts den Wert.

(Oscar Wilde; Ps 78, 56-72)

62 다정한 말 한 마디는 한 푼도 들지 않지만, 한 개의 좋은 선물이다.

Ein freundliches Wort kostet nichts und ist doch ein schönes Geschenk.

63 우리는 아무 것도 아니다. 우리가 추구하는 것이 전부이다.

Wir sind *nichts*. Was wir suchen, ist *alles*.

(Friedrich Hölderlin)

Note

*nichts*와 *alles*는 명사가 아니라 대명사이므로 소문자이다.

64 하느님은 그에게 오는 자에게 간다.

Gott geht zu *dem, der* zu ihm kommt.

(Russisches Sprichwort)

Note

앞의 *dem*은 '지시 대명사'로서 뒤에 오는 관계문을 주문장에서 미리 받아주는 '후방 지시사'이고, 뒤에 오는 *der*는 지시 대명사 *dem*을 설명해주는 관계문의 주어로 온 관계대명사로서 '전방 지시사'이다.

65 선(善)한 자는 여기와 지금과 존재 속에서 살지, 가상(假象)속에서 살지 않는다. 그는 멀리 있는 것에 대해 걱정하지 않고, 가장 가까이 있는 일을 행(行)한다.

Der Gute lebt im Hier und Jetzt, im Sein und nicht im Schein. Er *sorgt sich* nicht *um* Fernes, sondern tut das Nächstliegende.

(Lao-tse, 4.Jh. v. Chr.)

Note

sich sorgen um '...을 걱정하다'이고, *sorgen für*는 '...을 돌보다'이다.

66 나는 사람들이 서로를 항상 필요로 한다고 믿는다.

Ich glaube, dass die Menschen einander immer nötig haben.

(Bruno Gay-Lussac)

67 웃음은 건강에 좋다. 우리는 건강의 이러한 면에 대해 충분히 신경을 쓰고 있는가?

Lachen ist *gesund*. Kümmern wir uns genug um diese Seite der Gesundheit?

(Phil Bosmans)

Note

- *gesund*는 '건강한'과 '건강에 좋은'의 '의미 변이체'(Bedeutungsvariante)들을 갖고 있다.
- *sich kümmern um*은 '...에 대해 신경쓰다'라는 의미이다.

68 네 주위에 있는 사람들을 좋아하도록 매일 새롭게 노력하라.

Versuche jeden Tag neu, *die Menschen gern zu haben*, die um dich herum sind.

(Phil Bosmans)

Note

*jn. gern haben*은 '누구를 좋아하다'이고, *versuchen zu Inf.*는 '...하도록 노력/시도하다'이다.

69 너희는 서로에 대해 형제적 사랑으로 호의를 갖고 대하라, 너희는 상호존중에서 서로를 능가하라!

Seid einander in brüderlicher Liebe zugetan,
übertrefft euch in gegenseitiger Achtung!

(Röm 12, 10)

Note

*Seid*와 *übertrefft*는 *ihr*, 즉 '너희들'에 대한 명령형이다. *einander*는 '상호대명사 3격'이고, *euch*도 '상호 대명사'이다. '서로'라는 의미의 상호대명사를 가지고 있는 상호구조는 주어가 '복수'인 것이 의미적 제약이다. 상호적 관계는 *gegenseitig/wechselseitig*를 추가하여 또한 강조될 수 있다: *Sie verklagten sich gegenseitig.* (그들은 서로를 맞고소했다) 그리고 상호 대명사는 *einander*로 대체될 수 있다: *Sie verklagten einander.*

70 하느님은 생명이다 – 그것이 전부이다.

Gott ist das Leben – das ist alles!

(Wolfgang Borchert)

71 우리들의 욕망에 대한 지배를 통해, 우리는 우리들이 자유스러움을 알린다.

Durch unsere *Herrschaft über* unser Begehren bekunden wir *unsere Freiheit*.

(Johannes Cassian)

Note

herrschen über jn./etwas[4] 에서 *Herrschaft über jn./etwas*[4] 가 파생되었다고 볼 수 있다. *unsere Freiheit*는 'die Tatsache, dass wir frei sind'로 풀어서 해석할 수 있다.

72 행위는 시간을 삼켜버린다. 나태함은 시간을 무한히 길게 만든다.

Tätigkeit verschlingt die Zeit.
Müßiggang macht sie unendlich lang.

(Carl Peter Fröhling)

73 너는 인생의 재미가 어디에 있는지 아느냐? 명랑하여라! – 그것이 잘 되지 않으면, 만족하여라.

Weißt du, worin der Spaß des Lebens liegt?
Sei lustig! – Geht es nicht, so sei vergnügt.

(Johann Wolfgang von Goethe, 1749-1832)

Note

*Geht es nicht*는 *Wenn es nicht geht*의 *Wenn*이 생략될 때의 부문장 형태이다.

74 모든 너의 행동에 있어서 겸손하여라, 그러면 너는 아무런 해(害)도 당하지 않을 것이다.

Bei all deinem Tun sei bescheiden,
so wird dich kein Schaden treffen.

(Sir 31, 22)

75 인생의 모든 의미는 사랑이 있는 곳에 이루어져 있다.

Aller Sinn des Lebens ist erfüllt, wo Liebe ist.

76 우리는 항상 우리 행동들의 결과들을 고려할 의무가 있다.

Wir haben die Pflicht, stets die Folgen unserer Handlungen zu bedenken.

(Mahatma Gandhi)

77 그것은 우리가 모두 다 잘 알다시피 하나의 위대한 사실이다: 그리스도가 이 세상을 구원하려 했을 때, 한 가정의 성화(聖化)로부터 시작했다.

Es bleibt *doch* eine große Tatsache:
Als Christus die Welt erlösen wollte, hat er mit der
Heiligung einer Familie begonnen.

(Michael Faulhaber; Lk 2, 29-32)

Note

'화법불변화사'(Abtönungspartikel/Modalpartikel) *doch*는 상황에 따라 여러 가지 다른 화행적 의미를 가질 수 있다. 여기에서의 *doch*는 '서로 잘 알고 있지만, 그간 잊혀왔던 사실을 상기시키면서 그 사실에 대해 상대방의 동의를 요구' 하는 화행적 기능을 수행하고 있다.

78 한 사람을 다시 웃기는 자는 그에게 하늘나라를 열어주는 것이다.

Wer einen Menschen wieder zum Lachen bringt,
öffnet ihm das Himmelreich.

(Jürgen Moltmann)

Note

*Wer*는 '선행사가 없는 관계대명사로서 사람'을 나나내고, *Was*는 '선행사가 없는 관계대명사로서 사물'을 나타낸다.

79 사람들은 그것을 가지고 불행의 세상에 항의하기위해서, 행복을 창조해야 한다.

Man muss Glück schaffen, um *damit* gegen die Welt des Unglücks zu protestieren.

(Albert Camus)

Note

*damit*는 앞 문장의 내용 *Man muss Glück schaffen*을 받는 '전방 지시사'(Anapher)이다.

80 우리 인생의 중요한 갈림길들에는 아무런 이정표도 세워져 있지 않다.

An den wichtigen Scheidewegen unseres Lebens stehen keine Wegweiser.

(Ernest Hemingway)

81 **천명의 적들이 우리 불행에 기여하는 것보다, 한 명의 진정한 친구가 우리 행복에 더 많이 기여한다.**

Ein wahrer Freund *trägt* mehr *zu* unserem Glück *bei*
als tausend Feinde zu unserem Unglück.

(Jean Paul)

Note

*beitragen*은 분리 동사이므로 *bei*가 문장 끝에 왔다. 그리고 *zu etwas*[3] *beitragen*은 '...에 기여하다'를 뜻한다.

82 **모든 젊은 사람들의 마음 안에는, 가장 나쁜 사람의 마음 안에도, 선(善)으로 통하는 한 점이 있다, 그리고 이 점, 마음의 민감한 이 장소를 찾아서 이용하는 것이 교육자의 첫째 의무이다.**

In jedem jungen Menschen, auch in dem schlimmsten,
gibt es einen Punkt, wo er *dem Guten* zugänglich ist,
und so ist es die erste Pflicht des Erziehers,
diesen Punkt. diese empfängliche Stelle des Herzens,
zu suchen und zu nutzen.

(Don Bosco)

Note

*das Gute*는 형용사의 명사화로 '선(善)'을 의미한다: *an das Gute im Menschen glauben; Er hat viel Gutes in seinem Leben getan.*

83 오, 하느님은 나의 구원이다; 그를 나는 신뢰하고자 한다, 그리고 나는 결코 용기를 잃지 않고자 한다.

Ja, Gott ist meine Rettung;
ihm will ich vertrauen und niemals verzagen.

(Jes 12, 2)

Note

*jm. vertrauen*은 'auf jn. sich verlassen 누구를 믿다/신뢰하다'와 같은 의미이다. ; 다음에는 한 문장이 와도 소문자로 시작되지만, : 다음에 한 문장이 오면 대문자로 시작된다:

예 "Subjektsprädikativ:
Professor Müller gilt *als Experte für moderne Musik*.
Die Opernsängerin tritt auch *als Oratoriensängerin* auf."
(Helbig/Buscha, 2001, Deutsche Grammatik, S. 417)

84 침묵하라, 내 마음아, 침묵하라, 내 마음아, 왜냐하면 쾌락과 고통은 교대로 나타나기 때문에. 여기에서 깊은 슬픔이 너를 사로잡고자하면, 너의 시선이 하늘 쪽으로 향해지면, 너는 달콤한 위안을 얻을 수 있으리라.

Schweig, mein Herz,
Schweig, mein Herz,
denn *es wechselt Lust und Schmerz*.
Will dich Trübsal hier umfangen, kannst du süßen Trost erlangen, hebt dein Blick sich himmelwärts.

(Karl Ludwig Francke 1797-1846)

Note

*Es wechselt Lust und Schmerz.*의 *Es*는 '허사'(虛辭)(Platzhalter)로서 생략되어도 문법적인 문장이지만, 생략되면 *Lust und Schmerz*가 정동사 *wechselt* 앞에 와야 한다. 그러므로 이 '허사 **es**'의 문법적 기능은 이 허사 때문에 문장 끝에 오게 된 *Lust und Schmerz*를 '레마'(Rhema)로 강조할 수 있다는 점이다.

85 많이 여행한 자는 풍부한 지식을 소유하고, 경험이 많은 자는 이해하기 쉽게 말한다.

Wer viel gereist ist, hat reiches Wissen, und der Erfahrene redet verständig.

(*Sir 34, 9*)

86 네가 내보내는 그 웃음은 너에게 행복으로서 돌아온다.

Das Lächeln, das du aussendest, kehrt zu dir zurück *als Glück*.

(*Indische Weisheit*)

Note

*als Glück*은 '레마'로 강조되어 문장의 끝, 즉 분리전철 zurück의 뒤에 왔다.

87 너희들이 행복해지기 위한 유일한 방법은 감사를 기대하는 것이 아니라, 주기 위해서 주는 기쁨 속에 있다는 사실을 항상 명심 하여라!

Haltet Euch stets gegenwärtig,
dass die einzige Art, glücklich zu werden,
nicht die ist, Dank zu erwarten, sondern
dass sie in der Freude liegt, um des Gebens willen
zu geben!

(*Dale Carnegie, 1835-1919*)

Note

sich etw.[4] *gegenwärtig halten*은 'sich etw.[4] vor Augen halten 무엇을 명심하다'를 뜻한다. *dass sie in der Freude liegt*는 'dass sie in der Freude besteht'와 같은 의미이다.

88 한 인간이 그 자신의 한계들을 안다는 것은 드물다.

Es ist selten, *dass ein Mensch seine Grenzen kennt.*

(Mahatma Gandhi, 1869-1948)

Note

*Es ist selten, dass...*의 *Es*는 *dass ein Mensch seine Grenzen kennt*를 주문장에서 미리 가리키는 '후방 지시사'로서 '상관사'이기도 하다.

89 겸손이란 인류에 대한 봉사에서의 부단한 노력을 의미한다. 하느님은 항상 봉사 중에 있다.

Demüt bedeutet beharrliches Mühen im Dienst an der Menschheit. Gott ist immer im Dienst.

90 고귀한 인간은 자만하기에는 너무 관대하고,
비천한 자는 관대하기에는 너무 자만한다.

Der edle Mensch ist *zu* großmütig,
um stolz *zu* sein.
Der Gemeine ist *zu* stolz,
um großmütig *zu* sein.

(Konfuzius, 551-479 v. Chr.)

Note

*zu ..., um ... zu*는 'too.........to, 즉 너무 ...해서 ...할 수 없다'를 뜻한다.

91 목마른 목구멍을 위한 시원한 물은 먼 나라에서 온 한 좋은 소식이나 다름없다.

Kühles Wasser für eine durstige Kehle
ist eine gute Nachricht aus fernem Land.

(Spr 25, 25)

92 사람들이 큰 일들을 지향한다면, 작은 일들을 불쾌하게 여겨선 안 된다.

An kleinen Dingen muss man *sich* nicht *stoßen*,
wenn man *zu großen auf dem Wege ist*.

(Friedrich Hebbel)

Note

- *an etw.*[3] *sich stoßen*은 '...에 거부감/불쾌감을 느끼다'라는 의미이다.
- *zu großen*은 *zu großen Dingen*을 줄인 표현이다; *zu großen Dingen auf dem Wege sein*은 '...큰 일들을 향해 가고 있는 중'이다.

93 다른 한 사람에게 짐/부담을 더 가볍게 덜어주는 사람은 아무도 이 세상에서 소용없지는 않다.

Niemand ist nutzlos auf der Welt,
der einem anderen die Bürde leichter macht.

(Charles Dickens, 1812-1870)

94 자기인식은 그 사람에게 최선(最善)을 주고, 자기기만은 그렇지만 최악(最惡)을 준다.

Selbsterkenntnis gibt dem Menschen das meiste Gute,
Selbsttäuschung aber das meiste Übel.

(Sokrates, 470-399 v. Chr.)

Note

*Selbsttäuschung aber das meiste Übel.*은 *Selbsttäuschung aber gibt dem Menschen das meiste Übel.*이 줄어진 표현이다.

95 당신이 신(神)의 존재를 한 번 믿는다면, 기도의 필연성은 의심할 여지가 없다.

Wenn Sie einmal die Existenz Gottes annehmen,
dann ist die Notwendigkeit des Gebets unbezweifelbar.

(Mahatma Gandhi, 1869-1948)

Note

- *Wenn* ......, *dann*의 *dann*도 '상관사'로서 *dann*은 *Wenn* ......,을 받아준다.
- *annehmen*은 'glauben 믿다'의 의미이다. *unbezweifelbar*는 'kann nicht bezweifelt werden 의심의 여지가 없다'로 '의미풀이'된다.

96 너의 모든 행동에 있어서 계속 겸손하여라, 그러면 너는 선물들을 나누어주는 한 사람보다 더 많이 사랑받을 것이다.

Bei all deinem Tun bleibe bescheiden, und du wirst mehr geliebt werden als einer, der Gaben verteilt.

(Sir 3, 17)

97 인간의 생명은 성스러운 것이다.

Ein heilig Ding ist das Leben des Menschen.

(Seneca um 4 vor Chr. - 65. nach Chr.)

98 우리는 자신이 적게 알고 있다는 사실을 깨닫기 위해 많이 배워야 한다.

Man muss viel lernen, um zu erkennen, dass man wenig weiß.

(Michel E. de Montaigne, 1533-1592)

99 침묵하는 것이 진리를 편드는 자의 영적(靈的) 훈련에 속한다는 사실을 경험이 나에게 가르쳐주었다.

Erfahrung hat mich gelehrt,
dass Schweigen *zur* spirituellen Disziplin
dessen *gehört*, der *für die Wahrheit eintritt.*

(Mahatma Gandhi, 1869-1948)

Note

*für etw.[4]/jn. eintreten*은 '어떤 행동을 지지하다/누구를 편들다'를 의미한다. *zu etw.[3] gehören*은 '무엇에 속하다'를 뜻하고, *jm. gehören*은 '누구의 것이다'를 뜻하므로 서로 의미가 다르다.

100 주여, 내 입 앞에 한 명의 보초를 세우고, 내 입술들의 문 앞에 한 개의 방호벽을 세워라.

Herr, stelle eine Wache vor meinen Mund,
eine Wehr vor das Tor meiner Lippen.

(Ps 141, 3)

101 신앙은 인식의 씨앗이다; 믿는 자는 곧 인식하고 사색할 것이다, 그리고 사색은 신적(神的)인 지혜의 애무나 다름없다.

Der Glaube ist Same der Erkenntnis;
wer glaubt, der wird bald erkennen und denken,
und Denken ist ja Liebkosen der göttlichen Weisheit.

(Bettina von Arnim, 1785-1859)

102 물은 흐르면서, 계속 활기차고 자유롭다.

Wasser bleibt lebendig und frei, indem es fließt.

(Anthony de Mello)

103 영원한 생명은 오늘 그리고 여기에 있다. 현재 속에서 살아라.

Ewiges Leben ist heute und jetzt.
Lebe in der Gegenwart.

(Anthony de Mello)

104 다른 사람들에게 기쁨을 만들어주어라! 너는 기쁨이 기쁘게 한다는 것을 알게 될 것이다.

Mach anderen Freude!
Du wirst erfahren, *dass Freude freut.*

(Friedrich Theodor Vischer, 1807-1887)

Note

*dass Freude freut*는 'dass Freude andere und auch dich selbst freut', 즉 '기쁨은 다른 사람들과 더불어 너 자신까지도 기쁘게 할 것이다'의 줄인 표현으로 볼 수 있을 것이다.

105 오성(悟性)을 얻는 자는 자신을 사랑하고, 통찰력을 계속 보유하는 자는 그의 행복을 발견한다.

Wer Verstand erwirbt, liebt sich selbst, wer Einsicht bewahrt, findet sein Glück.

(Spr 19, 8)

106 저녁에 울 일이 있을지라도, 아침에는 다시 환호가 지배한다.

Wenn man am Abend auch weint,
am Morgen herrscht wieder Jubel.

(Ps 30, 6)

107 고독이란 평안의 어머니이고, 모든 우리들의 걱정으로부터 해방시켜 주는 한 개의 조용한 피난처이다.

Die Einsamkeit ist die Mutter der Ruhe und ein stiller Zufluchtsort, der *uns von all unseren Sorgen befreit.*

(Johannes Chrysostomus 354-407)

Note

*jn. von etw. befreien*은 '누구를 무엇으로부터 해방시키다'이다.

108 너는 기도할 때에는 그렇지만 너의 방으로 들어가라, 그리고 문을 잠그라.

Du aber geh in deine Kammer, wenn du betest,
und *schließ* die Tür *zu*.

(Mt 6, 6)

Note

우리말에서는 부문장의 주어와 주문장의 주어가 일치하면, '너는 네가 기도할 때에는'이라고 말하지 않고, '너는 기도할 때에는'이라고 줄여서 말하는 것이 일상적이다. *zuschließen*, *zumachen*('잠그다')과 *aufschließen*, *aufmachen*('열다')을 비교해보면, *zu*는 '닫힌 상태'를, *auf*는 '열린 상태'를 나타냄을 알 수 있다.

109 어떤 부(富)도 건강한 사지(四肢)의 부(富)보다 낫지 않으며, 어떤 재산도 마음의 기쁨을 능가하지 않는다.

Kein Reichtum geht über den Reichtum gesunder Glieder,
kein Gut über die Freude des Herzens.

(Sir 30, 16)

110 자신과 평화스럽고, 어떤 상황에서도 자신과 자신의 주위를 자유로우면서도, 놀라지 않고 바라볼 수 있는 그 사람은 복되도다! 이 세상에 (이것보다) 더 큰 행복은 없다.

Selig ist der Mensch,
der mit sich selbst
in Friede ist und unter allen Umständen frei und unerschrocken
auf und um sich sehen kann!
Es gibt auf Erden kein größer(es) Glück.

(Matthias Claudius, 1740-1815)

111 하느님이 무엇인지 아무도 영원히 알아내지 못할 것이지만, 그(=하느님)는 언제나 우리들과 성실하게 동맹을 맺으려고 할 것이다.

Was Gott ist, wird in Ewigkeit kein Mensch ergründen,
doch will er treu *sich* allezeit *mit uns verbünden*.

(Conrad Ferdinand Meyer, 1825-1898)

Note

*mit jm. sich verbünden*은 '누구와 동맹을 맺다'를 뜻한다.

112 고귀한 인간은 한 개의 귀금속과 비교될 수 있다: 즉 우리는 자신의 진가(眞價)를 발휘시키기 위해서는 자신을 갈고 닦아야 한다.

Der edle Mensch ist *mit einem Edelstein vergleichbar*:
Man muss ihn schleifen, um seine wahren Qualitäten hervorzuholen.

(Volksweisheit)

Note

*vergleichbar*는 'kann verglichen werden'의 의미이고, 전치사 *mit*와 결합된다.

113 한 좋은 부인은 한 개의 좋은 재산이다; 그것은 하느님을 두려워하는 사람에게 주어진다.

Eine gute Frau ist ein guter Besitz;
er *wird dem zuteil*, der Gott fürchtet.

(Sir 26, 3)

Note

*jm zuteil werden*은 '누구에게 주어지다'를 뜻하고, *er wird dem zuteil, der Gott fürchtet.*에서 앞의 *dem*은 '지시대명사'로서 '후방 지시사 Kataphor'이고, 뒤에 나오는 관계대명사가 그 내용을 설명해준다.

114 너의 친구들에 대해, 그들이 행복하든지 불행하든지 상관없이, 항상 같은 사람으로 남아 있어라!

Sei gegen deine Freunde, ob sie Glück oder Unglück haben, immer derselbe!

(Periander, 627-580 v. Chr.)

115 겸손하게 한 사람은 다른 사람을 자신보다 더 높게 평가하라!

In Demut *schätze* einer den anderen höher *ein* **als sich selbst!**

(Phil 2, 3)

Note

*einschätzen*은 분리동사이기 때문에 *ein*이 문장 끝에 와야 하지만, **als sich selbst**가 '레마'로 강조되어서 문장 끝에 오게 되었음.

116 웃음이 짜증보다 우리를 더 이성적으로 유지시킨다.

Das Lachen erhält uns vernünftiger als Verdruss.

(Alter Spruch)

Note

*Verdruß*는 최근, 1996년 2월의 정서법개정에서 *Verdruss*로 바뀌었음. 그 이유는 짧은 모음 다음에서는 *ss*로 쓴다는 원칙 때문임. 그래서 *daß*와 *muß*도 *dass*와 *muss*로 바뀌었음.

117 한 걸음 한 걸음이 너를 어디로 이끌고 갈지 걱정하지 마라; 멀리 쳐다보는 자만이 올바른 길을 찾아내기 때문이다.

Sorge nicht, wohin dich
der einzelne Schritt führt;
nur wer weit blickt,
findet sich zurecht.

(Dag Hammarskjöld, 1905-1961)

118 하느님은 매일 매일의 창시자이다. 그가 창조하지 않은 날은 없다. 매일 매일은 지치지 않는 창조주인, 하느님의 한 개의 새로운 창조물이다. 그러므로 매일은 그의 것이다.

Gott ist der Urheber eines jeden Tages.
Es gibt keinen Tag,
den nicht er geschaffen hat.
Jeder Tag ist eine
neue Schöpfung Gottes,
des unermüdlichen
Schöpfers. Darum gehört
jeder Tag ihm.

(Gottfried Berron)

119 사랑은 그 곳으로부터 다른 사람이 퍼내어 마시는 한 개의 항아리이다, 사랑은 그의 공간을 밝혀주는 한 개의 빛살과 같다. 그리고 그에게 그의 가치를 보여주는 한 개의 거울과 같은 것이다.

Die Liebe ist ein Krug,
aus dem der andere trinkt,
wie ein Licht, das
seinen Raum hell macht.
Wie ein Spiegel,
der ihm seinen Wert zeigt.

(Jörg Zink)

Note

*Wie ein Spiegel*은 *Die Liebe ist wie ein Spiegel*에서 반복을 피하기 위해 *Die Liebe ist*를 줄인 형태이다.

120 다른 사람들의 행복을 위해 걱정해주는 데에서 그의 행복을 발견하기! 이런 이기주의를 가진 자, 그에게는 행복해지는 것은 아무런 기술도 아니다.

Sein Glück darin zu finden, für das Glück anderer zu sorgen! *Wer* diesen Egoismus hat, für *den* ist *es* keine Kunst, glücklich zu sein.

(Gustav Freitag, 1816-1895)

Note

선행사가 없이 사람을 나타내는 주어인 관계대명사 *wer*를 다른 격의 관계대명사가 뒤에서 받아줄 때에는 이 관계대명사는 생략될 수 없다. 그래서 für *den* ist *es* keine Kunst, glücklich zu sein.의 *den*이 오게 되었고, *es*는 glücklich zu sein을 앞의 주문장에서 미리 받아주는 한 개의 선행지표의 역할을 하는 '상관사'이다.

121 이 명령을 우리는 그(=주님)에게서 받았다: 하느님을 사랑하는 자는, 그의 형제 또한 사랑해야 한다.

Dieses Gebot haben wir von ihm: *Wer* Gott liebt, soll auch seinen Bruder lieben.

(1 Joh 4, 21)

Note

선행사가 없이 사람을 나타내는 관계문의 주어인 관계대명사 *wer*가, 뒤에 오는 주문장의 주어를 겸할 때에는 주격을 나타내는 관계대명사 *der*는 반드시 올 필요는 없고, 강조할 때에만 온다.

: (=Doppelpunkt) 다음에 문장이 오면 대문자로 시작 된다:

Wer Gott liebt, soll auch seinen Bruder lieben.

122 너희가 회개하지 않고, 어린애들처럼 되지 않으면, 너희들은 하늘나라로 들어올 수 없다.

Wenn ihr nicht umkehrt und wie die Kinder werdet,
könnt ihr nicht in das Himmelreich kommen.

(Mt 18, 3)

123 혜는 빛나고 불멸이다; 그것(=지혜)을 추구하는 자는 그것을 발견할 것이다.

Strahlend und unvergänglich
ist die Weisheit;
wer sie sucht, findet sie.

(Weisheit 6, 12)

124 노년은 청춘의 힘의 찌꺼기가 아니라, 한 개의 전혀 새로운 것, 자신을 위해 존재하는 것, 위대한 것이다.

Das Alter ist nicht ein Rest der Jugendkraft,
sondern ein ganz Neues,
für sich Bestehendes, Großes.

(Käthe Kollwitz)

125 꽃들처럼 우리는 이 지구상에 있다. 단지 한 순간 동안만 우리는 활짝 피었다가 다시 죽어야 한다. 그럼에도 불구하고 모든 꽃들은 기뻐하는 데, 왜 우리는 기뻐하지 않는가?

Wie Blumen sind wir auf Erden.
Nur für einen Augenblick *blühen* wir *auf* und

müssen wieder *vergehen*. Doch alle Blumen sind fröhlich. warum sind wir es nicht?

(Aus einem Lied der Azteken)

Note

*aufblühen*에서 *auf*는 '완료'의 동작태를 나타낸다. 그래서 '꽃 봉우리가 활짝 다 핀 상태'를 *Die Blume ist aufgeblüht*라고 표현한다. 그리고 *vergehen*은 '*sterben*의 고양된 문체'(gehobene Sprache)로서 '성경 또는 시어(詩語)'에서 자주 사용된다.

126 **네가 현재 되어있는 것은, 너에 대한 하느님의 선물이다. 네가 너로부터 만들어내는 것은, 하느님에 대한 너의 선물이다.**

Was du bist, ist Gottes Geschenk für dich.
Was du aus dir machst, ist dein Geschenk für Gott.

(Spruch auf einer Grußkarte)

127 **하느님은 우리를 자주 방문한다, 그렇지만 대부분의 경우에는 우리가 그 때에 집에 없다.**

Gott besucht uns häufig,
aber meistens *sind* wir gar nicht zu Hause.

(Spruch auf einer Grußkarte)

Note

aber는 '등위 접속사'이므로 어순에 영향을 주지 않는다. meistens가 '부사적 임의첨가어'(Adverbialangabe)로서 문두에 왔으므로, 정동사 *sind*가 서술문에서 2번째에 와야 하므로, 정동사가 주어보다 앞에 오게 되었다.

128 기쁨을 선물하는 자가 제일 많이 선물한다.

Am meisten
schenkt,
wer Freude
schenkt.

(Mutter Teresa)

129 만족할 줄 알기는 향락욕보다 더 자주 그리고 더 마음으로부터 기쁘게 웃는다. 만족할 줄 아는 사람들은, 시대의 궁핍에 대해 항상 불평하거나 비탄해하지 않기 때문에, 바로 그러한 이유로 교제하기가 그렇게 즐거운 것이다.

Die Genügsamkeit lacht häufiger und herzensfroher
als die Genußsucht.
Genügsame Menschen sind deshalb so angenehm im Umgang,
weil sie nicht ständig klagen und jammern über
die Not der Zeit.

(Thresa von Avila)

130 세계는 비록 그렇게 부족한 점이 많음에도 불구하고, 아름답고 풍부하다. 왜냐하면 세계는 순전히 사랑할 기회들만으로 이루어져 있기 때문이다.

Die Welt, so mangelhaft sie auch ist, sie ist
dennoch schön und reich. Denn sie besteht ja
aus lauter *Gelegenheiten zur Liebe*.

(Sören Kierkegaard)

Note

명사 *Gelegenheit*는 '2격 명사'와 'zu 전치사구'라는 2개의 명사보충어를 가질 수 있다. 2 명사보충어 중에서 한 개만 실현될 수도 있다. 그리고 전치사 *zu* 대신에 inf. mit *zu*가 올 수도 있다: "die Gelegenheit *des Mannes/für den Mann*, *ein Auto zu kaufen*; die Gelegenheit *für den Arbeiter*; die Gelegenheit *zum Kauf/Erwerb/Forschen*; die Gelegenheit, *die Waren zu erwerben*." (WVS, S. 200)

131 적게 배우는 한 사람은 황소처럼 (둔중하게) 인생을 통과한다; 그는 육(肉)은 살찌고, 정신은 살찌지 않는다.

Ein Mensch, der wenig lernt, tritt wie ein Ochse durchs Leben; *an Fleisch nimmt er zu*, an Geist nicht.

(Buddha)

Note

- *an etw.*[3] *zunehmen*은 '무엇이 증가하다'를 뜻한다.
- '육체'는 *Körper*를 나타내므로, *Fleisch*는 육(肉)으로 표현했음.

132 우리는 여기에 있다, 각자가 자기 방식으로, 사람들의 마음들을 따뜻하게 해주고, 하느님의 기쁨을 계속 전해주는 이 빛이기 위해.

Wir sind da, jeder in seiner Art,
um dieses Licht zu sein,
das die Herzen der Menschen *erwärmt*
und die Freude Gottes *weitergibt*.

(Frère Roger)

Note

- *das* die Herzen der Menschen *erwärmt* und die Freude Gottes *weitergibt*: *das*는 앞의 선행사 dieses Licht를 받는 관계 대명사 주격이다. 관계대명사는 부문장(Nebensatz)을 오게 하고, 부문장에서 정동사는 문장 끝에 온다.

- *erwärmen*, *ermuntern(Die frische Luft/Der Kaffee hat mich ermuntert.* (WdG)), *erschweren(Glatteis erschwert das Fahren.* (Duden in 6 Bänden))은 '작위동사'(Faktitiva)로서 'BA(=Basis Adjektiv) machen'으로, 즉 'warm machen, munter machen, schwer machen'으로 의미풀이가 된다.

133 개울들 위로 통하는 길을 택하라, 그리고 바다로 바로 뛰어 들어가지는 마라. 우리는 더 쉬운 것을 통해 어려운 것에 도달해야한다.

Wähle den Weg über die Bäche und stürze dich nicht gleich ins Meer. Man muss durch das Leichtere zum Schwierigen gelangen.

(Thomas von Aquin)

134 우리들에게 자유를 가져다주는 첫째 법은 자기제약이다, 그리고 그것의(=자기제약) 최고의 의미는 우리가 가능한 한 많이 취하지 않고, 적게 취하는 것이다.

Das erste Recht, das uns die Freiheit gibt,
ist die Selbstbeschränkung, und ihr höchster Sinn ist nicht,
dass man möglichst viel,
sondern möglichst
wenig nimmt.

(Alexander Solschenizyn)

135 분노를 이따금 주저하지 않고 삼켜버리세요, 우리는 그것에 의해 살찌지 않습니다.

Schlucken Sie den Ärger ruhig *ab und zu* hinunter,
man wird nicht dick davon.

(Unbekannt)

Note

*ab und zu*는 '이따금/때때로 gelegentlich'를 뜻한다.

136 진리를 향해 도보 여행하는 자들은 혼자 걸어간다.

Die zur Wahrheit wandern, wandern allein.

(Christian Morgenstern)

137 미래는 책의 것이지, 폭탄의 것이 아니고, 평화의 것이지, 전쟁의 것이 아니다.

Die Zukunft gehört dem Buch und nicht der Bombe,
dem Frieden und nicht dem Krieg.

(Viktor Hugo)

138 너희들은 너희 동호인 집단들의 지배자가 되지 말고, 그 무리를 위한 모범들이 되어라!

Seid nicht Beherrscher eurer Gemeinden,
sondern Vorbilder für die Herde!

(1 Petr. 5, 3)

139 죽음에 이를 때까지 성실하라; 그러면 나는 너에게 생명의 화환을 주겠다.

Sei treu bis in den Tod;
dann werde ich dir
den Kranz des Lebens geben.

(Offb 2, 10)

140 아직 경탄할 수 있는 사람은 매 발걸음마다 선물을 받는다.

Wer noch staunen kann,
wird auf Schritt und Tritt beschenkt.

(Oskar Kokoschka)

Note

Die Kinder mit Spielzeug beschenken '아이들에게 장난감을 선사하다'(모델, 286쪽): *jn. mit etw. beschenken*은 '누구에게 무엇을 선물하다'의 뜻이고, *jm. etw.*[4] *schenken*과 의미는 같지만, *schenken*의 수동태의 주어로는 etwas('피동체 Patiens')가 오는 데 반해, *beschenken*의 수동문의 주어로는 jn.자리에 오는 사람('대상 Adressat')이 주어로 올 수 있다는 차이가 있다.

141 하느님의 보호는, 우리가 그것을 소유하고 있는 동안에는, 우리에게 쉽게 없어도 되는 것처럼 보인다.

Gottes Schutz scheint uns leicht entbehrlich,
solange wir ihn besitzen.

(Antonius von Padua)

142 처세술의 능숙함이란 모든 일들을 가능한 한 중요하게 여기되, 어떤 일도 전적으로 진지하게는 여기지 않는 것을 의미한다.

Lebensklugheit bedeutet:
alle Dinge möglichst
wichtig, aber keines völlig
ernst zu nehmen.

(Arthur Schnitzler)

143 기뻐하는 것을 배우자, 그러자면 우리는 다른 사람들의 마음을 아프게 하는 법을 잊게 되는 것이 최선이다.

Lernen wir uns freuen,
so verlernen wir am besten,
anderen wehe zu *tun.*

(Friedrich Nietzsche)

Note

*jm. weh(e) tun*은 '누구의 마음을 아프게 하다'를 의미한다.

144 내가 나의 불행위로 딛고 일어설 수 있다면, 나는 더 높이 서게 될 것이다.

Wenn ich auf mein Unglück trete,
stehe ich höher.

(Friedrich Hölderlin)

145 한 사람이 명랑하다면, 그가 젊었든 늙었든, 자세가 똑 바르든지 곱사등이든지, 가난하든지 부자이든지에 상관없이, 마찬가지이다 – 그는 행복하다!

Ist einer heiter,
so ist *es* einerlei,
ob er jung oder alt,
gerade oder bucklig,
arm oder reich sei –
er ist glücklich!

(Arthur Schopenhauer)

Note

*Ist einer heiter*는 *Wenn einer heiter ist*의 *wenn*을 생략했을 때의 '조건-부문장' 형태이다. *es* ..., *ob*에서 *es*는 *ob*... 이하를 주문장에서 미리 받아주는 '상관사'(Korrelat)이다.

146 침착함이란 본질적인 것을 염두에 둘 때에만 얻을 수 있다.

Gelassenheit gewinnt man nur
in der *Besinnung auf das Wesentliche*.

(Georg Moser)

Note

- *Gelassenheit*를 테마로 삼기위해 문두에 두었다(Thematisierung). 우리말에서는 주어 없는 문장도 독일어에서와는 달리 비문(非文)이 아니므로, *man*은 번역해주지 않는 것이 더 우리말답게 여겨진다. 그리고 우리말에서는 '테마'가 되면 직접목적어(=독어의 4격 보충어)도 주격어미(*은/는/이란*...)를 가질 수 있다.
- *auf etw.⁴/jn. sich besinnen*은 '무엇/누구를 기억/의식/자각하다'를 의미한다. 그리고 여기에서 파생된 명사 *Besinnung* 또한 전치사 *auf*와 4격 명사의 결합인 *auf das Wesentliche*를 요구하는 '명사 결합가'를 갖게 되었다.

147 달들과 해들은 한 번 지나가면 영원히 가버린 것이다, 그러나 한 아름다운 순간은 한 평생 내내 빛난다.

Monde und Jahre vergehen und sind auf immer vergangen,
aber ein schöner Moment leuchtet *das Leben hindurch*.

(Franz Grillparzer)

Note

전치사 *durch*가 명사 뒤에 올 때에는 *hindurch*로 대체될 수 있다: Es regnete letztes Jahr *den ganzen Sommer durch*, Ich könnte *den ganzen Tag hindurch* schlafen.

148 네가 운명을 통해 인연을 맺은 사물들에 적응하라. 그리고 운명이 너를 함께 있게 한 그 사람들을, 너는 사랑하라, 그것도 진심으로!

Den Dingen, mit denen du durch das Schicksal verkettet bist, *denen passe dich an*. Und die Menschen, mit denen dich *das Geschick* zusammen gestellt
hat, die habe lieb, aber von Herzen!

(Marc Aurel)

Note

etw.[3] *sich anpassen*은 '무엇에 적응하다'를 뜻하고, *das Geschick*는 'das Schicksal'의 '고양된 문체'이다.

149 우리는, 우리 주위의 보통 사람들을 특별한 사람들로 변화시키는 대신, 한 평생 특별한 사람을 기다린다.

Wir warten ein Leben lang auf den außergewöhnlichen Menschen, statt die gewöhnlichen Menschen um uns herum *in solche* zu verwandeln.

(Hans Urs von Balthasar)

Note

*in solche*는 *in außergewöhnliche Menschen*의 요약된 표현이다.

150 그것이 우리가 할 수 있는 전부이다: 항상 다시 처음부터 시작하기 – 항상 다시 그리고 또 다시.

Das ist *alles*, *was* wir tun können:
immer wieder von neuem anfangen – immer wieder und wieder....

(Thornton Wilder)

Note

*alles*가 선행사이면, 관계 대명사 *was*가 받아 주어야 한다.

151 기분의 진정에 적당한 일거리가 많이 기여한다.

Zur Beruhigung der Gemüter
trägt angemessene Beschäftigung viel bei.

(A. v. Humboldt)

Note

*Gemüt*는 '마음, 심정, 기분'을 의미한다.

152 현재 이 순간이 하느님이 내 인생의 집 안으로 들여다보는 바로 그 창문이다.

Der gegenwärtige Augenblick ist das Fenster,
durch das Gott in das Haus meines Lebens schaut.

(Meister Eckhart)

153 안정과 침착의 은혜는 특히 필수적이다. 그것으로써 모든 불쾌한 일들이 기쁨 속에서 견뎌내어질 수 있다.

Die Gnade der Ruhe und Gelassenheit
ist besonders notwendig.
Mit ihr lassen sich alle Übel in Freude ertragen.

(Papst Johannes XXIII)

Note

- *Mit ihr lassen sich alle Übel in Freude ertragen.*의 *alle Übel*은 정동사 *lassen*을 보고 복수임을 확인할 수 있다. 추상명사도 복수가 되면 구상명사로 변하여 구체적으로 셀 수 있는 사물을 표현 한다: *alle Freundlichkeiten* = '모든 친절한 행위들'.
- *lassen sich ertragen*은 'kann ertragen werden'을 뜻한다.

154 네가 성경을 읽으면, 하느님이 너에게 말하고, 네가 기도하면, 네가 하느님에게 말한다.

Wenn du die Heilige Schrift liest,
spricht Gott zu dir.
Wenn du betest, sprichst du zu Gott.

(Augustinus)

155 그리스도가 어디에 있든 간에, 그 곳에 빛이 있다.

Wo auch immer Christus ist,
da ist Licht.

156 다른 사람으로부터 결코 감사를 기대하지 않기, 그러나 항상 스스로는 감사할 수 있기, 그것이 올바르게 지어진 한 영혼의 특권이다.

Nie vom andern Dank erwarten, aber immer selbst dankbar sein können, das ist Privileg einer recht gebauten Seele.

(Theodor Heuss)

157 착하게 되는 것이 진리로 가는 유일하게 확실한 길이다.

Gut werden ist *der* einzig sichere *Weg zur Wahrheit*.

(Joseph Bernhart)

Note

*der Weg zur Wahrheit/zum Himmel/nach Frankfurt*에서 보아서 알 수 있듯이, 동사에서 파생되지 않은 명사인 *Weg*(=길)도 그 의미에 의해서 '명사 결합가'를 갖고 있다. *Weg*(=길)은 항상 '어떤 목표로 향하고 있다', 그러므로 한 텍스트에서 처음 소개될 때에는 'zu/nach +명사'가 항상 *Weg*의 뒤에 와서 '어디로 가는 길'인지를 알게 해주어야 한다. 그 다음부터는 간단하게 *der Weg*(=그 길)으로 줄여서 말해도 쉽게 이해될 수 있게 되는 것이다.

158 나무들처럼 똑 바로 걸어가라. 산들처럼 그렇게 강하게 너의 인생을 살아가라. 봄바람처럼 부드러워라. 태양의 온기를 가슴 속에 늘 간직해라. 그러면 위대한 정신이 항상 너와 함께 할 것이다.

Gehe aufrecht
wie die Bäume.
Lebe dein Leben so stark
wie die Berge.
Sei sanft
wie der Frühlingswind.
Bewahre die Wärme
der Sonne im Herzen.
Und der Große Geist wird
immer mit dir sein.

(Weisheit der Navajo-Indianer)

159 우리 사회가 바뀌자면, 각자가 변해야 한다.

Soll sich unsere Gesellschaft ändern,
so muss sich der einzelne ändern.

(Helmut Kohl)

160 개개의 인간은 한 번 뿐인 인간이다— 그리고 실제로, 그 자체로만 보면, 모든 시대의 가장 위대한 예술작품이다.

Jeder Mensch ist ein einmaliger Mensch—
und tatsächlich,
für sich gesehen,
das größte Kunstwerk
aller Zeiten.

(Thomas Bernhard)

161 한 좋은 인간은, 그의 가슴 속에 좋은 것이 들어 있기 때문에, 좋은 것을 만들어 낸다.

Ein guter Mensch bringt Gutes hervor, weil in seinem Herzen Gutes ist.

(Lk 6, 45)

162 너 자신을 믿으라, 이 친구야, 너의 존재의 내적(內的)인 의미를 믿으라, 그러면 너는 하느님과 (네 영혼의) 불멸을 믿는 것이다.

Glaube an dich selbst,
Mensch, glaube an den
innern Sinn deines Wesens,
so glaubst du an Gott und
an die Unsterblichkeit (deiner Seele).

(Johann Heinrich Pestalozzi)

163 용감한 자들은 희망에 의해 살고, 겁쟁이들은 불안에 의해 산다.

Die Mutigen leben von der Hoffnung und
die Feiglinge von der Angst.

(Jean-Bertrand Aristide)

164 한 개의 진리는, 진리의 수용자가 그것(=그 진리)을 이해할 만큼 성숙해져야, 비로소 효과를 발휘할 수 있다.

Eine Weisheit kann erst wirken,
wenn der Empfänger für sie reif ist.

(Christian Morgenstern)

165 비천한 인간은 다른 사람들에 의해 인정받을 때에만 기뻐하는 반면에, 고귀한 인간은 자기 자신 안에서 기쁨을 발견한다.

Der edle Mensch findet Freude in sich selbst,
während der Gemeine sich nur freut, wenn er
von anderen anerkannt wird.

(Konfuzius, 551-470 v. Ch)

166 행복은 단지 이따금 돕지만, 일은 항상 돕는다. 네가 어떤 불행에 대해 3년 동안 신경 쓰지 않는다면, 그것은 너에게 축복으로 된다.

Glück hilft nur manchmal,
Arbeit immer.
Kümmerst du dich um ein Unglück *drei Jahre* nicht,
so wird es dir zum Segen.

(Weisheit der Brahmanen)

Note

*drei Jahre*는 4격으로서 부사어로 사용되었다. 독일어에서는 2격과 4격이 '부사적 임의첨가어(Adverbialangabe)'로 사용된다: *des Morgens* ('아침에'), *jeden Morgen* ('매일 아침'). 'Angabe'는 임의 첨가어, 첨가어 또는 부가어로 불리고, 동사의 의미에 의해 반드시 요구되는 '동사보충어'(Ergänzung)가 아니라, 그밖에 화자의 의도나 상황에 의해 첨가되는 '(1차적) 문장성분'(Primäres Satzglied)을 말한다.

167 행복하기 위해서는 너를 위해 시간을 내어라. 시간이란 요람과 무덤 사이의 고속도로가 아니라, 태양 속에 주차하기 위한 장소이다.

Nimm *dir* Zeit, um glücklich zu sein.
Zeit ist *keine* Schnellstraße zwischen Wiege und Grab,
sondern Platz zum Parken in der Sonne.

(Phil Bosmans)

Note

*nicht, sondern*이 한 쌍으로 나타나는 숙어이지만, 명사 앞에 오는 '부정'(否定)의 부정관사의 여성 주격은 *keine*이므로, *keine* ...., *sondern*으로 되었다. *dir*는 'für dich'로 해석되는 '이익의 3격'(dativus commodi)로서 '임의 첨가어'에 속한다.

168 나는 행복이 단지 명랑한 인생관과 마음의 탁월함에 좌우되는 것이지, 외부 상황들에 좌우되는 것은 아니라고 나는 믿는다.

Ich glaube, dass das Glück nur in der heiteren Auffassung des Lebens und in der Vortrefflichkeit des Herzens und nicht in den äußeren Umständen liegt.

(Fjodor M. Dostojewski)

169 나이가 들어감에 따라, 사람들은 더 현명해진다, 그 말은 다음과 같은 의미이다: 더 멀리 보게 된다. 사람들은 체념하고 감사하는 법을 배우게 된다.

Mit dem Alter wird man weiser, *das heißt: weitsichtiger.*
Man lernt zu entsagen und zu danken.

(Zenta Maurina)

Note

괴테도 만년에 '체념'(Entsagung)에 대해 많이 언급했다.
*das heißt: weitsichtiger.*는 *das heißt: man wird weitsichtiger.*의 줄인 표현이다. *heißen*은 '이름이 ....이다'와 '...의 의미이다'(=*bedeuten*)라는 두 개의 '의미 변이체'(Bedeutungsvariante)를 갖고 있다.

170 위기에 처했을 때, 우정의 음성을 듣는 것은 인간의 마음에 닥칠 수 있는 일들 중에서 가장 신(神)적인 것이다.

Die Stimme der Freundschaft in der Not zu vernehmen,
ist *das Göttlichste, was* dem Menschenherzen widerfahren kann.

(Charlotte von Lengefeld)

Note

선행사가 형용사 최상급이면, 관계 대명사 *was*가 받아주어야 한다.

171 매일 아침에 가능한 한 전 날보다 더 기쁘고 더 명랑할 것을 결심하라.

Nimm dir jeden Morgen *vor*,
wo möglich *froher und heiterer als*
den vorigen Tag zu sein.

(Novalis)

Note

sich[3] *etw.*[4]*/Inf. mit zu vornehmen*은 '무연(無緣) 재귀구조'(Unmotivierte Reflexivkonstruktion)로서, 즉 '유연(有緣) 재귀구조'(Motivierte Reflexivkonstruktion)인 *Sie wäscht sich./Sie achtet auf sich.*에서의 *sich*와는 다르게, *sich*가 '자신을/자신에게'로 번역될 수가 없다. 즉 *sich*가 재귀구조의 일부로 굳어졌으며, 숙어적으로 '......할 것을 결심하다'를 의미한다.

172 '무엇이 문제인가'하는 것을 우리는 미리 계산해낼 수는 없다. 가장 아름다운 기쁨은 그것을 가장 적게 기대하는 바로 그 장소에서 항상 경험하게 된다.

Das, worauf es ankommt, können wir nicht vorausberechnen.
Die schönste Freude erlebt man immer *da, wo man sie*
am wenigsten erwartet.

(Antoine de Saint Exupéry)

Note

지시 대명사 *das*는 관계 대명사 *was*가 받아주어야 하므로, *auf was*의 결합 형태인 *worauf*가 오게 되었다. *da*는 관계부사 *wo*...를 '후방 지시사'로서 미리 받아주는 지시 대명사적 성격을 가진 부사이다.

173 유머와 인내는, 내가 모든 황야를 통과할 때 타고 가는 낙타들이다.

Humor und Geduld sind die Kamele, mit denen
ich durch jede Wüste komme.

(Phil Bosmans)

174 적극적으로 응용되는 사소한 지식이, 놀리고 있는 큰 지식보다 한없이 더 많은 가치가 있다.

Geringes Wissen, das tatkräftig angewendet wird,
ist unendlich viel mehr wert als großes Wissen,
das brach liegt.

(Khalil Gibran)

175 대부분의 사람들은 자신을 변화시킬 마음은 없고, 단지 그들 자신은 변화할 필요가 없다는 사실을 증명하는 것만을 염두에 두고 있다. 변해야 하는 것은 단지 다른 사람들뿐이다.

Die meisten Menschen sind nicht darauf bedacht,
sich zu ändern, sondern nur zu beweisen,
dass sie sich nicht zu ändern brauchen.
Ändern sollen sich nur die anderen.

(Erich Fromm)

Note

*Ändern*을 강조하여 테마로 삼은 어순으로서, 정동사가 서술문에서 앞에서 2번째 자리에 오므로 sollen이 그 다음에 오게 되었다. *sich ändern* '자신을 변화시키다'라는 의미의 '유연 재귀구조'이다.

176 **모든 인생은 그것의 종말을 향해 멈출 수 없게 흘러가기 때문에, 우리는 그것(=우리 인생)을, 우리가 사는 동안은, 우리 자신에게만 고유한 사랑과 희망의 색채들로 그려야 한다.**

Da alles Leben unaufhaltsam seinem Ende
zufließt, sollen wir *es*, solange wir leben,
mit den uns eigenen Farben der Liebe und
der Hoffnung *malen*.

(Marc Chagall)

Note

*ein Bild malen*에서 *ein Bild*는 '논항'(Argument) '행위의 결과인 산출물'(Resultat)로서, *malen* '그리다'라는 행위의 결과로 생겨난 산출물이다. *es*는 'unser Leben 우리 인생'을 받는다.

177 **자신이 원하는 모든 것을 갖게 되면, 그것은 한 개의 행복이다. 그러나 자신이 가진 것보다 더 요구하지 않는다면, 그 행복은 더 큰 행복이다.**

Es ist ein Glück, wenn man alles hat, was man sich wünscht; aber das Glück ist noch größer, wenn man nicht mehr verlangt, als man hat.

(Demokrit)

178 모든 시간은 그 시간의 과제를 갖고 있다, 그리고 바로 그 과제의 해결을 통해 인류는 앞으로 계속 전진한다.

Jede Zeit hat ihre Aufgabe, und durch die Lösung derselben rückt die Menschheit weiter.

(Heinrich Heine)

179 모든 새로운 날은 모든 것이 가능하다는 한 개의 약속이다.

Jeder neue *Tag* ist ein Versprechen,
dass alles möglich ist.

(Werner K. Hetkamp)

Note

*der Tag*은 '날'(=하루)(*Ich wünsche dir einen guten Tag!*)과 '낮'(*guten Morgen!, guten Tag!, guten Abend!*)의 2개의 의미 변이체를 갖고 있다.

180 자신의 일을 사랑하는 한 사람은 결코 늙지 않는다.
매일 아침에 나는 새롭게 시작하고, 매번 나는 새로 태어난다.

Ein Mensch, der seine Arbeit liebt, wird niemals alt.
Jeden Morgen fange ich von neuem an,
jedesmal werde ich
neu geboren.

(Pablo Casals)

181 평화는 영원의 호흡이요, 그것 없이는 다른 어떤 것도 존재할 수 없는, 원래의 생명의 공기이다.

Friede ist der Atem der Ewigkeit,
die eigentliche Lebensluft,
ohne die nichts anderes existieren kann.

(Elisabeth Goudge)

182 병은 자연에서 발생하나, 그렇지만 그것(=병)의 치료는 정신에서부터 발생한다.

Die Krankheit entsteht *zwar* aus der Natur,
ihre Heilung *aber* entsteht aus dem Geist.

(Paracelsus)

Note

*zwar, ...aber*는 '...이긴 하지만, ...은 아니다'라는, 즉 앞부분과 뒷부분이 서로 '대조적 상반'의 의미를 나타낸다.

183 우리는 모두 너무 많이 일하고, 너무 적게 기쁨을 갖는다.

Wir arbeiten alle zu viel und haben zu wenig Freude.

(Moritz von Schwind)

184 자신의 신체적 컨디션이 좋은 상태를 위한 시간이 없다고 생각하는 자는, 조만간(早晩間) 병이 들 시간을 갖게 될 것이 틀림없다.

Wer meint, keine Zeit für seine körperliche Fitneß zu haben,
wird früher oder später Zeit zum Kranksein haben müssen.

(E. S.)

185 하느님이 시간을 창조하셨고, 인간이 서두름을 창조하였다.

Gott schuf die Zeit, *der Mensch die Hast.*

(Irisches Sprichwort)

Note

*der Mensch die Hast*를 보고서도, *der Mensch schuf die Hast*를 추측할 수 있다.

186 아무런 주저 없이 너의 적과 평화를 맺어라.

Schließ ohne Zögern
Frieden mit deinem Gegner.

(Mt 5, 25)

187 사랑 없이는 아무런 미덕(美德)도 없다; 그것(=사랑)은 모든 미덕들을 형성하는 힘이다.

Ohne Liebe gibt es keine Tugend;
sie ist die formende Kraft aller Tugenden.

(Thomas von Aquin)

Note

*sie ist die formende Kraft aller Tugenden.*는 *sie ist die Kraft, die alle Tugenden formt*를 구로 바꾼 형태이다.

188 비에 대해서는 어떤 일기예보도 도움이 되지 않고, 단지 한 개의 우산만이 도움이 된다.

Gegen Regen hilft keine Wettervorhersage,
sondern nur ein Regenschirm.

(Englischer Spruch)

189 세계의 평화는 우리들의 가슴 속에, 우리들의 가정에, 그 기원을 가져야 한다.

Der Friede der Welt muss in unserem Herzen,
in unserem Hause den Ursprung nehmen.

(Reinhhold Schneider)

190 기쁨과 미소 짓기는 인생의 여름이다.

Die Freude und *das Lächeln* sind der Sommer des Lebens.

(Jean Paul)

191 단지 적게 말하는 사람은 아무 생각 없이 함부로 어리석은 말을 지껄이는 일이 드물 것이다.

Ein Mensch, der nur wenige Worte macht,
wird selten gedankenlos daherreden.

(Mahatma Gandhi)

192 나는 너와 함께 있겠고, 나는 네가 어디로 가든지 너를 보호하겠다.

Ich bin mit dir, ich *behüte* dich, wohin du auch gehst.

(Gen 28, 15)

Note

동사의 현재인칭 *behüte*는 '미래'를 대신할 수 있다.

193 **나는 진화론이 신(神)에 대한 믿음과 절대적으로 서로 화해적이라고 믿는다. 나는 한 번도 신의 실존을 부인한 적이 없다.**

Ich glaube, dass die Entwicklungstheorie
absolut versöhnlich ist mit dem Glauben an Gott.
Ich habe niemals die Existenz Gottes verneint.

(Charles Darwin)

194 **행복의 모든 조건들에는 자신이 스스로 갖추어야 할 한 개의 조건이 대체로 결여되어 있다: 자신이 행복하다고 느낄 수 있는 재능.**

Zu allen Bedingungen des Glücks fehlt meist eine,
die man selbst mitbringen muss: die Gabe, glücklich zu sein.

(Emanuel Wertheimer)

195 **우리는 항상 똑같은 입장을 대변할 필요는 없다, 왜냐하면 아무도 한 사람이 매일 매일 더 영리해지는 것을 막을 수는 없기 때문이다.**

Man *braucht nicht* immer denselben Standpunkt
zu vertreten, denn *niemand kann einen Menschen*
hindern, alle Tage klüger zu werden.

(Konrad Adenauer)

Note

- *denn niemand kann einen Menschen hindern, alle Tage klüger zu werden.*은 *denn niemand kann einen Menschen* ***daran*** *hindern, alle Tage klüger zu werden.*에서 '생략 가능한 상관사'(fakultatives Korrelat)인 ***daran***이 생략되었다. 왜냐하면 동사 *hindern*은 Enom, Eakk, Epräp의 3가 동사이기 때문이다: "(19) [Durch dieses Gesetz] will man Steuersünder daran hindern, ihr Geld illegal im Ausland zu parken." (VALBU, S. 461)
- *brauchen*은 본동사로서는 '...을 필요로 하다'의 의미이고, *brauchen nur zu* '...만 하면 된다'와 *brauchen nicht zu* '...을 할 필요는 없다'의 2개의 용법만 '준 화법 조동사'(Modalitätsverb)로서 사용된다.

196 고귀한 인간은 그의 인생을 용서라는 모토아래에 두고, 호의를 그의 처세술의 정수(精髓)로 만든다.

Der edle Mensch stellt sein Leben unter das Motto der Verzeihung und macht die Güte zur Essenz seiner Lebensführung.

(I. Ging)

197 하느님은 자기 자신을 잊고, 다른 사람들을 기억하는 그런 사람들을 잊지 않는다.

Gott vergißt diejenigen nicht, die sich selbst vergessen und *an andere denken*.

(Augustinus)

Note

an etw.^{4}*/jn. denken*은 '무엇/누구를 기억하다'를 뜻한다.

198 내가 이 세상의 사람들에게 항상 다시 말하고 싶은 것은, 세계평화는 평화로 가득 찬 한 마음속에서 시작한다는 사실이다.

Wie ich es den Menschen auf der Erde immer wieder sagen möchte, beginnt der Weltfrieden in einem friedvollen Herzen.

(Dalai Lama)

199 너 자신을 이겨라, 그러면 세계는 너의 발치에 놓여 있을 것이다.

Siege über dich, und die Welt liegt *dir zu Füßen*.

(Augustinus)

Note

*dir zu Füßen*의 *dir*는 '소유의 3격'으로서, 소유 대명사로 바꿀 수 있고(*zu deinen Füßen*), '신체의 일부 Körperteil'나 '의복류 Kleidungsstück'의 소유주를 밝혀 준다.

200 자연이 산출하는 모든 것 속에는 경탄할 만한 가치가 있는 어떤 것이 있다.

In allem, was die Natur hervorbringt,
ist *etwas Bewundernswertes*.

(Aristoteles)

Note

*etwas Bewundernswertes*에서 *etwas*는 '대명사'이기 때문에 '소문자'이고, *Bewundernswertes*는 '형용사의 명사화'이기 때문에 '대문자'이다.

201 우리는 인생에서 많은 행복과 불행을 단지 우연의 탓으로 돌린다; 그러나 내적인(=마음의) 평화는 결코 우연에 좌우되는 법이 없다.

Im Leben verdankt man viel Glück und Unglück
nur dem Zufall; aber der innere Friede
hängt nie vom Zufall ab.

(Maurice Maeterlinck)

202 인생의 기술은 쉽게 배울 수 있고, 쉽게 가르쳐질 수 있다. 너는 운명으로부터 너무 많이 갈망해선 안 된다. 검소한 운명에 만족하는 자는 고갈되지 않는 보물 한 개를 갖고 있는 것이나 진배없다. 모든 즐김에 있어 결코 만족할 수 없는 자는 행복조차도 싫증으로 된다.

Des Lebens Kunst ist leicht zu lernen und zu lehren.
Du musst vom Schicksal nie zu viel begehren.
Der, welchem ein bescheidenes Los genügt, hat einen Schatz, der nie versiegt. Dem Unersättlichen in jeglichem Genuß, wird selbst das Glück zum Überdruß.

(Ludwig Bechstein)

203 나는 인내의 미덕을 징표와 기적보다 더 위대한 것으로 간주한다.

Ich halte die Tugend der Geduld für größer als Zeichen und Wunder.

(Gregor der Große)

204 세계는 완전히 좋아지지는 않는다 – 그러나 그것(=세계)은 개선될 여지는 있을 것이다.

Die Welt wird nicht gut – aber *sie könnte* besser werden.

(Carl Zuckmayer)

Note

독일어에서는 명사가 되풀이하여 나타나지 않고, 보통 대명사가 받아 준다. '접속법 2식' *könnte*는 '추측'을 표현한다.

205 하늘은 도박하지 않는다. 왜냐하면 만약 하느님이 도박꾼이라면, 우리는 어떻게 하늘과 땅 사이의 환상적인 그 모든 사물들과, 그들(=그 사물들)의 정확성과 완전성을 설명할 수 있겠는가?

Der Himmel würfelt nicht. Denn wenn Gott ein Spieler wäre, wie könnte man dann all die phantastischen Dinge zwischen Himmel und Erde erklären, *ihre Exaktheit und Vollendetheit*?

(Albert Einstein)

Note

*ihre Exaktheit und Vollendetheit*는 원래 *erklären*의 앞에 와야 하지만, '레마'로 강조되어 *erklären*보다 더 뒤인 문장 끝에 두었다.

206 무엇인가를 기꺼이 하는 것이 모든 짐을 더 가볍게 해준다.

Etwas gerne tun, macht jede Last leichter.

(Ovid)

207 사랑을 통하지 않고서는, 진리로 통하는 접근로는 없다.

Es gibt keinen *Zugang zur Wahrheit* außer durch die Liebe.

(Augustinus)

Note

*Zugang zur Wahrheit*에서 *zur Wahrheit*는 명사 *Zugang*의 '명사 보충어'이다.

208 매년 가을에는 나무들은 '내놓기'를 배운다; 상당수의 사람들은 그것을 결코 배우지 못한다.

Jedes Jahr im Herbst lernen die Bäume das Hergeben;
mancher Mensch lernt es nie.

(Ernst Kaufmann)

Note

*manch*는 '많은'보다 '상당수의'가 더 정확한 의미이다. 그리고 *manchmal*도 '많이/자주'가 아니라, '이따금/때때로'를 의미한다. '많은'을 표현하려면, *viel*이 더 적당하다.

209 나는 잠을 잤고 '인생은 기쁨이다'라는 꿈을 꾸었다. 나는 잠을 깨었다, 그리고 '인생은 의무였다'라는 현실을 보았다. 나는 일했다 – 그리고 보라: 의무가 기쁨이었다.

Ich schlief und träumte, das Leben wäre Freude.
Ich erwachte und sah, das Leben war Pflicht.
Ich arbeitete – und siehe:
die Pflicht war Freude.

(Rabindranath Tagore)

Note

*Ich schlief und träumte, das Leben wäre Freude.*와 *Ich erwachte und sah, das Leben war Pflicht.*는 서로 대조적이다. 즉 전자는 접속법 2식을 사용한 꿈의 내용이므로 '사실이 아님'을 내포할 수 있지만, 후자는 직설법이므로 '실제로 본 사실'을 나타내고 있다.

210 인생이란 '자기변신'이다. 완전하다는 것은 자기변신을 자주 했다는 것을 의미한다.

Leben heißt sich verändern. Vollkommen sein heißt, sich oft verändert haben.

(John Henry Newman)

211 나는, 다른 사람들에게 기쁨을 주기위해, 나 자신을 잊으려고 했다, 그 때부터 나는 행복했다.

Ich wollte mich selbst vergessen,
um anderen Freude zu machen,
von da an war ich glücklich.

(Theresia von Lisieux)

212 모든 인간은 결국 희망에 의해 산다. 그것(=희망)은 단지 한 단어 이상(以上)이다.

Jeder Mensch lebt letztlich von der Hoffnung.
Sie ist mehr als nur ein Wort.

(Peter Friebe)

213 인생이란 가난한 것인가? 오히려 너의 손이 너무 적은 것이나 아닐는지, 너의 안구 수정체들이 너무 흐릿하진 않는지? 성장해야하는 자는 바로 너이다.

Ist das Leben arm? Ist nicht vielmehr deine Hand
zu klein, sind deine Augenlinsen zu trübe?
Du bist es, der wachsen muss.

(Dag Hammerskjöld)

214 심사숙고하면서 어려움들에 접근하라. 딱딱한 것은 부드럽게 될 수 있고, 좁은 것은 넓게 될 수 있고, 무거운 것도, (우리가) 그것을 옳게 짊어지면, 더 적게 누를 수 있다.

Geh mit Überlegung an Schwierigkeiten heran.
Es kann Hartes weich und Enges weit werden und
Schweres, wenn man es richtig trägt,
weniger drücken.

(*Seneca*)

Note

- *Es kann Hartes weich und Enges weit werden und Schweres weniger drücken.*의 *Es*는 '테마(Thema) *es*'로서 주어를 문두가 아닌 정동사 뒤에 오게 하는 문법적 기능을 갖고 있다. 그러나 다른 어떤 문장성분이 문두에 오게 되면 이 '테마 (Thema) *es*'는 사라진다: *Aber* ***es*** *fehlte uns* ***die Freiheit.*** (Spiegel, 14. August 1989, S. 24)
- 원래 *Aber die Freiheit fehlte uns.*가 정상어순이지만, 이 '테마 (Thema) es' 또는 '허사(虛辭) Platzhalter *es*'가 접속사 *Aber* 다음의 문두에 왔으므로 주어인 *die Freiheit*가 문장 끝에 오게 되어 '레마 Rhema'로 강조될 수 있게 되었다.

215 너희는 모든 인식을 능가하는 그리스도의 사랑을 인식해야만 할 것이다.

Ihr sollt die Liebe Christi verstehen,
die alle Erkenntnis
übersteigt.

(*Eph 3, 18-19*)

216 영혼에 필요한 것을 얻기 위해서는 돈을 필요로 하지는 않는다.

Es bedarf des Geldes nicht,
um das zu erwerben,
was der Seele nottut.

(Henry David Thoreau)

Note

Es *bedarf des Geldes nicht*의 *Es*는 생략이 불가능한, 즉 문법적으로 옳은 문장이 되려면 꼭 필요한 '문법적 주어(Scheinsubjekt) *es*'이다: ***Es*** *ist Sommer*, ***Es*** *geht ihm gut;* ***Es*** *hat in der letzten Nacht gefroren;* ***Es*** *bedarf noch einiger Mühe;* ***Es*** *handelt sich um einen schwierigen Fall.*

217 우리가 사람들을 그들이 현재 있는 그대로 받아들이면, 우리는 그들을 더 나쁘게 만든다; 그렇지만 우리가 그들을 그들이 마땅히 그렇게 되어야 하는 것처럼 그렇게 받아들이면, 우리는 그들을 그들이 될 수 있는 그런 사람으로 만드는 것이다.

Wenn wir die Menschen so nehmen,
wie sie sind,
dann machen wir
sie schlechter;
wenn wir sie aber
so nehmen,
wie sie sein sollen,
dann machen wir
sie zu *dem,*
was sie sein können.

(Johann Wolfgang von Goethe)

Note

*dem*은 지시대명사 *das*의 3격이고, 지시 대명사 *das*는 관계대명사 *was*가 받아주어야 한다.

218 무엇인가가 우리를 익숙한 궤도의 바깥으로 내던지면, 우리는 '모든 것은 끝났다'고 상상 한다; 그 때에 단지 어떤 새로운 것, 어떤 좋은 것이 시작될 뿐이다. 생명이 있는 한, 행복 또한 있는 것이다.

Wenn uns etwas aus dem gewohnten Geleise wirft,
bilden wir uns ein, alles sei verloren;
dabei fängt nur etwas Neues, Gutes an.
Solange Leben da ist, gibt es auch Glück.

(Leo Tolstoi)

219 학자란 모름지기 더 적은 지식을 소유하고 있을수록, 자신이 하느님으로부터 더 멀리 떨어져 있는 것으로 느낀다. 그러나 그의 지식이 크면 클수록, 그는 하느님에게 더 많이 접근하게 된다.

Je weniger Kenntnis der Forscher besitzt,
um so ferner fühlt er sich von Gott.
Je größer aber
sein Wissen ist,
um so mehr nähert
er sich ihm.

Note

'*je* 비교급, *um so* 비교급/*desto* 비교급'은 '...할수록, 더 ...하게 된다'를 뜻한다.

220 증오와 싸움/논쟁/불화를 마음에 품거나 대꾸하는 것은 약점이다, 그 것들을 무시하고, 사랑으로 도로 갚아주는 것이 장점이다.

Haß und Zank zu hegen oder zu erwidern
ist Schwäche, sie zu übersehen und mit Liebe
zurückzuzahlen, ist Stärke.

(Adalbert Stifter)

Note

*übersehen*은 **자기도 모르게 하면** '간과하다'의 뜻이 되고, **의식적으로 행동하는 경우에는** '무시하다'의 의미로 구분되어 사용된다.

221 집중된 한 시간의 노동이 한 달간의 어슴푸레한 숙고보다, 네 인생의 기쁨을 북돋아주고, 너의 우울을 극복하고 네 배(船)를 다시 활기차게/민첩하게 만드는 데 더 많은 도움을 준다.

Eine Stunde konzentrierter Arbeit *hilft* mehr,
deine Lebensfreude anzufeuern,
deine Schwermut zu überwinden und dein Schiff wieder
flott zu machen, als ein Monat dumpfen Brütens.

(Benjamin Franklin)

Note

"(26) Viele Bücher lesen, hilft den Kindern beim Erlernen der Orthografie. (17) Diese Buch hilft dem älteren Menschen, seine Probleme zu bewältigen." (VALBU, 457f.): (26)번 문장이 *helfen* '도움이 되다'의 '기본구조 Grundstruktur'이고, (17)번 문장은 '파생구조 Abgeleitete Struktur'이다.

222 구두 안에 있는 가장 작은 돌멩이가 길가에 있는 바위보다 더 많은 짜증을 불러일으킨다.

Das kleinste Steinchen im Schuh macht mehr Verdruß als der Fels am Weg.

(aus Korea)

223 웃음 속에는 한 사람의 개성을 알아낼 수 있는 열쇠가 들어있다.

Im Lachen liegt der Schlüssel,
in dem wir
die Persönlichkeit eines Menschen erschließen können.

(Unbekannt)

224 상처들이 치유되자면, 그들에게 아물 시간을 주어야 한다.

Wenn *Wunden heilen* sollen, muss man ihnen Zeit lassen, *sich zu schließen*.

(Stefan Zweig)

Note

- *heilen*은 여기에서는 자동사로서 '낫다/치유되다'를 의미하지만, 타동사로서 '치료하다'의 의미로도 사용된다: *Die Zeit heilt Wunden.* 시간이 약이다 (시간이 지나면 상처는 아문다). (모델, 917쪽)
- *Die Tür schließt (sich).*와 *Die Tür öffnet sich.*는 '수동태 경쟁형태로서의 재귀구조'(Reflexivkonstruktion als Passivkonkurrenz)로서, '문이 닫힌다'와 '문이 열린다'를 뜻하고, 문을 닫는/여는 '행위의 주체(Agens)'는 배제되는 표현이다. 수동태에서는 이와 다르게 '행위의 주체'가 추가로 올 수 있다: *Die Tür wird* **von Max** *geöffnet.*

225 그리스도의 탄생은 한 개의 잃어버린 세계에 대한 신(神)적인 평화의 제안이다.

Die Geburt Christi ist das göttliche Friedensangebot
für eine verlorene Welt.

(P. Johannes Leppich)

226 세계는 아름다운 한 권의 책이다, 그러나 그 속에서 읽어 낼 줄 모르는 사람에게는 그것(=책)은 별로 쓸모가 없다.

Die Welt ist ein schönes Buch, aber es nützt dem wenig,
der nicht darin *zu lesen weiß*.

(Carlo Coldoni)

Note

*zu lesen weiß*는 '*lesen können*'을 뜻한다.

227 돈이란, 뿌리지 않으면, 아무런 가치도 없는 비료와 같은 것이다.

Geld gleicht dem Dünger, der wertlos ist,
wenn *man* ihn nicht ausbreitet.

(Francis Bacon)

Note

우리말에서는 주어가 없는 문장도 문법적으로 인정되지만, 독일어에서는 한 문장에는 반드시 한 개 이상의 주어가 있어야 하므로 '사람들' 또는 '우리'를 나타내는 *man*을 주어로 다시 쓰게 된다.

228 옳은 길을 안다고 믿을 때만큼 그렇게 쉽게 길을 잃을 때는 없다.

Man verirrt sich nie so leicht,
als wenn man den rechten Weg zu kennen glaubt.

(Fernöstliche Weisheit)

229 우리가 서로를 사랑하면, 하느님은 우리 안에 남아 있고, 그리고 그(=하느님)의 사랑은 우리 안에 완성되어 있다.

Wenn wir einander lieben, bleibt Gott in uns,
und seine Liebe ist in uns vollendet.

(1 Joh 4, 12)

230 한 위대한 예술가는 사물들을 절대로 있는 그대로 보지 않는다. 만약 그가 그것들(=사물들)을 그렇게(=있는 그대로) 본다면, 그는 더 이상 예술가가 아닐 것이다.

Ein großer Künstler sieht die Dinge niemals so,
wie sie sind. Wenn er sie so *sähe*, *wäre* er
kein Künstler mehr.

(Oskar Wilde)

Note

접속법 2식 *sähe*는 '비현실' 중에서 '가정(假定)'을 나타낸다.

231 우리가 우리 안에서 만족을 발견하지 못한다면, 그것을 어떤 다른 장소에서 찾는다는 것은 헛수고이다.

Wenn wir die Zufriedenheit nicht in uns finden,
ist es zwecklos, sie anderswo zu suchen.

(Francois La Lochefoucauld)

232 자연은 너무 비밀스러워 어떤 사람도 그것(자연)을 다 밝혀낼 수 없고, 그리고 너무 솔직하여 건전한 심성의 사람이라면 누구나 그것을 이해할 수 있다.

Die Natur ist *so* geheim, *dass* sie kein Mensch ausforschen kann,
und *so* offenherzig, *dass* sie jedes gesunde Gemüt versteht.

(Johann Michael Sailer)

Note

*so...., dass*는 '너무 ...하여, 그 결과...이다'를 뜻한다. 어순에서 가장 중요한 원칙은 '이미 알려진 것'이 '새로운 정보'보다 앞에 온다는 사실이다. 따라서 '정관사 또는 지시대명사'가 명사보다 앞에 온다.

233 인간의 가장 큰 관심사는: 어떻게 그가 창조물속에서의 그의 사명을 옳게 이해하고 적절히 이행하는지를 아는 것과; 한 인간이 되기 위해서는 우리가 어떠해야 되는지를 아는 것이다.

Die größte Angelegenheit des Menschen ist:
zu wissen, wie er seine Stellung in der Schöpfung
recht verstehe und gehörig erfülle;
wie man sein muss, um ein Mensch zu sein.

(Immanuel Kant)

234 기술적으로는 우리는 초인들이다, 도덕적으로는 그렇지만 우리는 아직 사람도 아니다, 그것이 우리들이 처한 현재의 주(主)된 문제이다.

Technisch sind wir Übermenschen,
moralisch aber sind wir noch nicht einmal Menschen,
das ist das Hauptproblem unserer Gegenwart.

(Aldous Huxley)

235 늙는 것에 대해 탄식한들 무슨 소용이 있겠는가? 늙은 사람들이 내적으로(정신적으로) 젊으면, 그들은 10년에서 20년까지 더 젊어 보인다.

Was soll das Jammern *über's Altwerden*?
Wenn alte Leute innerlich jung sind,
wirken sie zehn bis zwanzig Jahre jünger.

(Dolly Parton)

Note

*über's*는 *über das*의 준말이고, *das Altwerden*은 *alt werden*을 한 단어로 '합성 Zusammensetzung'한 중성명사이다.

236 자유란 다른 사람들로부터의 한 개의 선물일 뿐만 아니라, 또한 하느님으로부터의 인간의 영혼에 대한 한 개의 선물이다.

Freiheit ist *nicht nur* ein Geschenk von anderen,
sondern auch eines von Gott an die menschliche Seele.

(Vàclav Havel)

Note

*nicht nur..., sondern auch...*는 '...일 뿐만 아니라, 또한 ...이다'를 의미하며, 항상 함께 나타난다.

237 **어떤 사람이 미래보다 과거에 대해 더 많은 기쁨을 가진다면, 그것은 그가 늙었다는 증거이다.**

Alt ist man *dann*, *wenn* man an der Vergangenheit mehr Freude hat als an der Zukunft.

(John Knittel)

Note

*wenn..., dann*의 *dann*은 '상관사 Korrelat'로서 *wenn...*,을 주문장 안에서 미리 받아준다.

238 **진리들이란 영원하다; 그 때문에 그들은 찾아내기가 그렇게 어려운 것이다.**

Wahrheiten sind ewig; deswegen *sind* sie so schwer zu entdecken.

(Leonhard Bernstein)

Note

*sind zu entdecken*은 여기에서는 'können entdeckt werden'을 의미한다. 경우에 따라서는 'müssen entdeckt werden'의 의미를 나타낼 때도 있다.

239 **너희들이 원하는 만큼 그들이 이미 그 정도로 착한 것처럼, 그렇게 사람들을 대하라 – 그것이야말로 그들을 그렇게 만드는 유일한 길이다.**

Behandelt die Menschen so,
als ob sie schon *so gut* wären,
wie ihr sie haben wollt–
Das ist der einzige Weg, sie dazu zu machen.

(Johann Wolfgang von Goethe)

Note

so *gut*, ***wie*** *ihr sie haben wollt*에서 ***so... wie***는 '서로 같은 정도'를 나타낸다.

240 정말 선량한 자는 결코 불행해질 수가 없다; 정말 현명한 자는 결코 혼란에 빠뜨려질 수 없다; 정말 용감한 자는 결코 두려워하지 않는다.

Wer wirklich gütig ist, kann nie unglücklich sein;
Wer wirklich weise ist, kann nie verwirrt werden;
Wer wirklich tapfer ist, fürchtet sich nie.

(Konfuzius)

Note

*sich fürchten*은 '두려워하다'를 의미하므로, *sich*가 재귀구조의 숙어적 일부가 된 '무연 재귀구조'이다.

241 서 있다고 생각하는 자는 넘어지지 않도록 조심하라.

Wer zu stehen meint,
der gebe acht,
dass er nicht fällt.

(1 Kor 10, 12)

Note

선행사가 없는 사람을 나타내는 관계대명사의 주격은 *wer*이며, 같은 주격이 되풀이하여 올 때에는 지시대명사 *der*가 반드시 와야 하는 것은 아니지만, 강조하기위해서는 반복적으로 올 수도 있다는 규칙이 여기에 적용되었다. 동사 *achtgeben*의 접속법 1식 *gebe acht*는 '3인칭에 대한 명령'을 표현하고 있다.

242 내 아버지는 나에게 항상 말씀하시길:
"너에게 재미있는 한 직업을 너를 위해 찾아라, 그러면 너는 한평생 하루도 일할 필요가 없을 것이다."

Mein Vater hat immer zu mir gesagt:
"Such *dir* einen Beruf, der dir Spaß macht,
dann brauchst du dein ganzes Leben keinen einzigen Tag zu arbeiten."

(John F. Kennedy)

Note

Such *dir* einen Beruf의 *dir*는 '이익의 3격'(dativus commodi)으로서, 'für dich'를 뜻한다.

243 우리는 어제 살았던 것처럼, 그렇게 계속 살 필요는 없다. 우리는 이 견해에서 우리자신을 해방시키자, 그러면 1000가지의 가능성들이 우리를 새로운 인생으로 초대한다.

Wir brauchen nicht so fortzuleben,
wie wir gestern gelebt haben.
Machen wir uns von dieser Anschauung los
und *tausend Möglichkeiten laden uns zu neuem Leben ein.*

(Christian Morgenstern)

Note

*einladen*은 Enom, Eakk, Epräp(=*zu*)라는 '동사 (결합)가 Valenz'를 갖고 있다: *Hans lädt Gisela zum Essen ein.* (KVL, S. 165)

244 매일의 빵에 대한 갈망과 사랑, 우정과 상호존중에 대한 갈망이 있다. 바로 이것이 오늘날 인간들이 겪고 있는 바로 그 빈곤 상태이다.

Es gibt einen *Hunger* nach dem täglichen Brot und einen Hunger nach Liebe, Freundlichkeit und gegenseitiger Achtung. Eben dies ist die große Armut, unter der die Menschen heute so leiden.

(Mutter Teresa)

Note

명사 *Hunger*는 V(=Variante) 1 '배고픔'과 V 2 '...에 대한 갈망'이란 2개의 의미 변이체를 갖고 있다. V 1은 '2격 명사'라는 1개의 명사보충어를 갖고 있고, V 2는 '2격 명사'와 '전치사 *nach*가 이끄는 전치사격 명사'라는 2개의 명사 보충어를 갖고 있다:

"V 1 = 'Bedürfnis zu essen': der *Hunger des Jungen*
V 2 = 'Gier auf etwas': 'der Hunger *der Frau nach Liebe*; der Hunger *der Frau danach, ihn wiederzusehen*" (WVS, S.213f.)

245 작은 일들에 기쁨을 느끼자: 이 열쇠로써 너는 언제 어디에서나 약간 행복할 수 있다.

Haben wir *Freude an kleinen Dingen*: Mit diesem Schlüssel kannst du überall und allezeit ein bißchen glücklich sein.

(Phil Bosmans)

Note

명사 *Freude*는 전치사 *auf*, *über*와 *an*을 요구할 수 있다. '미래의 사건'에 대해 기뻐하면 전치사 *auf*를 쓰고, '과거 또는 현재의 일'에 기뻐하면 *über*를, '현재의 사건'에 대해서만 기뻐하면 *an*을 사용한다: "auf (Zukünftiges)/über (Vergangenes, Gegenwärtiges)/an (Gegenwärtiges); Die Freude *auf den Besuch/ über den Familienzuwachs/am Wandern*." (WVS, S.195)

246 토끼새끼로부터 사자처럼 행동할 것을 기대할 수는 없다.

Man kann nicht von einem Häschen erwarten,

dass es *sich* ***wie Löwe*** *benehmen* wird.

(Edith Stein)

Note

*sich benehmen*은 '어떻게 행동/처신하다'를 뜻하므로, 항상 '어떻게'에 해당하는 논항 '양태 Art und Weise'가 '부사적 동사보충어 Eadv'로 와야 한다. 여기에서는 ***wie Löwe***가 그 역할을 맡고 있다.

247 생명의 창조주에게 과거의 일에 대해 감사하라, 현재의 일에 대해 기뻐하라, 그리고 미래에 희망을 두어라.

Danke dem Urheber des Lebens für das Vergangene,

freue dich am Gegenwärtigen und

hoffe auf die Zukunft.

(Adalbert Ludwig Balling)

248 사람들은 자신들이 무엇을 해야 할 지에 대해 항상 그렇게 많이 심사숙고해서는 안 될 것이다. 그들은 오히려 그들이 어떤 사람이어야 되는 지를 숙고해야 될 것이다. 그들과 그들의 본성이 선량하기만 하면, 그들의 작품들은 아주 빛날지도 모른다.

Die Leute sollten nicht immer so viel nachdenken,

was sie wohl tun sollen. Sie sollten lieber bedenken,

was sie sein sollen. Wären sie und ihre Art nur gut,

so möchten ihre Werke sehr leuchten.

(Meister Eckhart)

249 악마는 인내로 가장 잘 격퇴된다, 왜냐하면 그는 인내심이 전혀 없기 때문이다.

Der Teufel *lässt sich* am besten mit der Geduld *schlagen, denn er hat keine.*

Note

- *denn er hat keine*는 *denn er hat keine Geduld*의 줄인 표현이다.
- *lässt sich schlagen*은 '수동태 경쟁형태로서의 재귀구조'로서 'kann geschlagen werden'의 의미이다.

250 개혁은 단지 정신과 사랑에서만 유래할 수 있다. 그것은 도처에 유효하다. 용서할 수 있는 자만이 자신의 내부에 평화 또한 얻을 수 있다, 그리고 세계 안에 평화를 이루려는 자는, 자신의 내부에 우선 평화를 창조해야 한다.

Die Erneuerung kann nur aus dem Geiste und aus der Liebe kommen.

Sie ist überall wirksam. Nur wer vergeben kann, vermag auch den Frieden in sich selbst zu erreichen, und wer den Frieden in der Welt erreichen will, muss erst Frieden in sich selber schaffen.

(Max Tau)

251 언어는 위대하다, 그러나 가장 위대한 것은 아니다.
말하기는 시간에서 유래하지만, 침묵은 영원에서 유래한다.

Die Sprache ist groß, aber nicht das Größte.

Sprechen ist von der Zeit, Schweigen ist von der Ewigkeit.

(Thomas Carlyle)

252 인생에서는 이상하게 일이 진행된다. 사람들이 가장 좋은 것에 고집스럽게 집착하면, 실제로 그것을 종종 얻는다.

Im Leben geht es seltsam zu.
Wenn man *sich auf das Beste kapriziert*.
bekommt man es oft tatsächlich.

(W. Somerset Maugham)

Note

*sich auf das Beste kaprizieren*은 'eigensinnig auf etw. bestehen 고집스럽게 ...을 고수하다'의 의미이다.

253 시려 깊고, 말짱한 정신으로 있으면서, 기도하여라.

Seid besonnen und nüchtern und betet.

(1 Petr 4, 76)

254 (다른 사람들을) 행복하게 하기위해서는 자신이 행복해야 한다. (자신이) 계속 행복하기위해서는, (다른 사람들을) 행복하게 만들어야 한다.

Man muss (selbst) glücklich sein, um (die anderen) glücklich zu machen.
Und man muss (die anderen) glücklich machen, um (selbst) glücklich zu bleiben.

(Maurice Maeterlinck)

255 모든 재난 다음에는 풀과 꽃들이 다시 자라났다.

Nach jeder Katastrophe sind wieder Gras und Blumen gewachsen.

(Hermann Hesse)

256 애들이란, 그 속에 모방욕이 가장 활발하게 활동하고 있는, 정말 순전히 움직이는 그릇들이나 마찬가지이다; 그들에게 착한 행동의 시범이 보여지지 않는다면, 어떻게 그들이 착한 일을 따라 할 수 있겠는가?

Kinder sind doch lauter bewegliche Gefäße,
in denen der Nachahmungstrieb am geschäftigsten wirkt;
wie sollen sie denn Gutes nachtun, wenn es ihnen nicht vorgetan wird.

(Johann Michael Sailer)

257 운명이 어떠한가보다, 인간이 그의 운명을 어떻게 받아 들이냐 하는 것이 확실히 거의 더 중요하다.

Gewiß ist es fast noch wichtiger,
wie der Mensch sein Schicksal nimmt,
als wie es ist.

(Wilhelm von Humboldt)

258 인간들의 가치는 그가 만들어내는 적은 수의 사물들에 있는 것이지, 그가 축적하는 많은 재물들에 있는 것은 아니다.

Der Wert des Menschen liegt in *den* wenigen Dingen, *die* er hervorbringt, und nicht in *den* vielen Besitztümern, *die* er anhäuft.

(Khalil Gibran)

Note

독일어에서는 정관사가 '특정의 사물'을 가리키기 위해 중요한 역할을 하지만, 한국어에서는 그렇지 않다.

259 한 개의 계획:
단지 오늘만을 위해 나는 한 개의 정확한 계획을 세우겠다. 아마도 나는 그것을 정확히 지키지 못할 것이다, 그러나 나는 그것을 적절하게 문안으로 작성할 것이다. 그리고 나는 두 가지 나쁜 일을 저지르지 않도록 조심 하겠다: 너무 서두르기와 우유부단함.

Ein Vorsatz:
Nur für heute werde ich ein genaues Programm aufstellen. Vielleicht halte ich mich nicht genau daran, aber ich werde es aufsetzen.
Und ich werde *mich vor zwei Übeln hüten*:
der Hetze und der Unentschlossenheit.

(Johannes XXIII)

Note

sich hüten vor etw.[3]/jmd.[3] : '무엇/누구를 조심하다'

260 감사하는 사람들은 비옥한 밭들과 같다:
그들은 받은 것을 10배로 도로 돌려준다.

Dankbare Menschen sind wie fruchtbare Felder:
Sie geben das Empfangene zehnfach zurück.

(August von Koetzebue)

261 위대한 생각들은 한 위대한 감정에서보다, 한 위대한 오성에서 더 적게 솟아난다.

Große Gedanken entspringen weniger einem großen Verstand als einem großen Gefühl.

(Fjodor Dostojewskij)

262 세상을 아는 최선의 개혁가들이란, 자기 자신에게서부터 (개혁을) 시작하는 바로 그런 사람들이다.

Die besten Reformer, die die Welt kennt,
sind diejenigen, die bei sich selbst anfangen.

(George Bernard Shaw)

263 사람들이 사물들을 그(=다른 사람)의 입장에서부터 관찰하려고 시도하지 않는다면, 사람들은 다른 한 사람을 결코 정말로 이해하진 못할 것이다.

Man wird einen anderen Menschen nie wirklich
verstehen, wenn man die Dinge nicht von seinem
Standpunkt aus zu betrachten versucht.

(Harper Lee)

264 간단한 일들도 이따금 우리에겐 가장 힘든 일들로 나타나는 특성을 갖고 있다. 우리 마음들이 열려있다면, 우리는 아무 문제도 없을 텐데.

Die einfachen Dinge haben manchmal die Eigenheit,
uns als die schwersten zu erscheinen.
Wären unsere Herzen offen, hätten wir keine Probleme.

(Mahatma Gandhi)

265 사랑하지 않는 사람은 하느님을 인식하지 못했다; 왜냐하면 하느님은 사랑이기 때문이다.

Wer nicht liebt, hat Gott nicht erkannt;
denn Gott ist Liebe.

(1 Joh 4, 8)

266 너희는 주님에게 기쁨을 가지고 봉사하라! 너희는 그의 거룩한 모습 앞에 환호를 갖고 오너라!

Dient dem Herrn mit Freude!
Kommt vor sein *Antlitz* mit Jubel!

(Ps 100, 2)

Note

*Antlitz*는 Gesicht의 '고양된 문체'(Gehobene Sprache)이다.

267 만약 그들이 그들의 마음에 드는 것만 읽는다면, 그들은 결코 정확한 정보를 얻지 못할 것이다.

Wenn sie nur lesen, was ihnen gefällt,
werden sie nie richtig informiert sein.

(Aldo Cammarota)

268 우리가 더 조용하고, 더 느리다면, 우리에게는 더 잘 되어가고, 우리 일들이 더 빨리 진척될 텐데.

Wären wir ruhiger, langsamer,
so ginge es uns besser, ginge es schneller
mit unseren Angelegenheiten voran.

(Martin Walser)

269 이렇게 주님은 말씀하신다: 나는 나의 정신을 모든 사람들 위로 부어 주겠다.

So spricht der Herr: Ich werde meinen Geist
ausgießen über alle Menschen.

(Joel 3, 1)

270 처세술에 능통한 사람들은 모든 것에서 조금씩만 취(取)한다, 그러나 항상 제일 좋은 것만을.

Lebenskünstler nehmen von allem ein wenig,
aber immer nur das Beste.

(Jacques Chardonne)

271 모든 인간은 항상 한 개의 성장과정 속에 있다, 그러므로 아무도 결코 포기되어서는 안 된다.

Jeder Mensch befindet sich ständig in einem
Wachstumsprozeß, darum darf niemand je aufgegeben werden.

(Unbekannt)

Note

이 말은 교육자들이 명심해야 할 말씀이라고 여겨진다.

272 우리들의 가장 위대한 체험들은 우리들의 가장 시끄러운 시간들이 아니라, 우리들의 가장 조용한 시간들이다.

Unsere größten Erlebnisse sind nicht
unsere lautesten, sondern unsere stillsten
Stunden.

(Jean Paul)

273 한 번 웃는 것은 5번 약을 삼키는 것보다 더 몸에 좋다. 더 이상 웃지 않는 자는 사는 법을 잊어버린 것이나 다름없다.

Einmal lachen ist besser als fünfmal
Medizin schlucken.
Wer nicht mehr lacht,
hat zu leben verlernt.

(Gertrud Uekötter)

274 네 마음속의 평화는 너에게 가까운 사람들에게 인생을 아름답게 만들어준다.

Der Friede in deinem Herzen macht den Menschen,
die dir nahe sind, das Leben schön.

(Frère Roger)

275 인생은 짧다, 그러나 다 잘 알다시피 무한한 가치가 있는 것이다; 왜냐하면 그것은 자기 안에 영원의 씨앗을 배태(胚胎)하고 있기 때문이다. 이 진리의 의미를 이해하는 그런 사람은 복되도다.

Das Leben ist kurz,
aber doch von unendlichem Wert;
denn es birgt den Keim
der Ewigkeit in sich.
Selig *der Mensch, der* den Sinn
dieser Wahrheit versteht.

(Franz von Sales)

Note

*der Mensch*는 '인간이란 종속(Gattung)'을 표현하는 것이 아니라, 관계대명사 *der*가 수식하는 그런 인간, 즉 '이 진리의 의미를 이해하는 그런 사람'이란 의미를 나타낸다. 정관사는 이렇게 '동일화(同一化)'(Identifizierung)의 화행적 기능을 수행한다.

276 한 개의 꽃이 꽃으로 되기 위해서는 태양을 필요로 한다. 한 사람이 사람으로 되기 위해서는 사랑을 필요로 한다.

Eine Blume braucht Sonne, um Blume zu werden.
Ein Mensch braucht Liebe, um Mensch zu werden.

(Phil Bosmans)

277 아이들은 세상의 가장 값진 보물이고, 미래를 위한 세상의 가장 큰 희망이다.

Kinder sind der wertvollste Schatz der Welt
und ihre größte Hoffnung für die Zukunft.

(John F. Kennedy)

278 활동적 인생의 행복은 사람이 그것을 통해 자신과 다른 사람들을 지배하는 영리함의 활동 속에 놓여 있다.

Das Glück des tätigen Lebens liegt im Wirken
der Klugheit, durch das der Mensch sich selbst und andere regiert.

(Thomas von Aquin)

279 모든 것을 들을 것, 많은 것을 잊어버릴 것, 몇 가지를 개선할 것!

Alles hören, vieles vergessen, einiges verbessern!

(Johannes XXIII)

280 예수는 도시들과 마을들을 통해 걸어갔고, 유태인의 교회당들에서 가르쳤고, 모든 병들과 고통들을 치유했다.

Jesus zog durch Städte und Dörfer, lehrte in Synagogen,
und heilte alle Krankheiten und Leiden.

(Mt 9, 22)

281 미래의 교회는 무엇보다도 살아있는 영성(靈性)의 교회라야 한다.

Die Kirche der Zukunft muss vor allem eine Kirche
lebendiger Spiritualität sein.

282 어떤 윤리적 질서도 폭력으로 강제로 얻어질 수는 없다.

Keine sittliche Ordnung kann durch Gewalt erzwungen werden.

(Stefan Zweig)

283 그리스도 안에서 그는, 우리가 성스럽고 나무랄 데 없이 하느님 앞에서 살도록, 세계의 창조 전에 우리를 선택했다.

In Christus hat er uns erwählt vor Erschaffung der Welt, damit wir heilig und untadelig vor Gott leben.

(Eph 1, 4)

284 네가 한 개의 현명한 대답을 요구한다면, 너는 또한 이성적으로 질문해야 한다.

Wenn du eine weise Antwort verlangst,
musst du auch *vernünftig* fragen.

(Johann Wolfgang von Goethe)

Note

*vernünftig*는 형용사이지만, '양태'를 표현하는 '부사적 임의첨가어'(Aadv)로 사용되었다. 이렇게 독일어는 형용사가 부사어로서 많이 사용되는 특성이 있다.

285 가장 짧은 기도도 하늘까지 도달한다.

Auch das kürzeste Gebet reicht bis zum Himmel.

(Irmgard Erath)

286 네가 말해야 되는 것이 침묵하는 것보다 더 아름답지 않으면, 차라리 입을 다물어라.

Wenn das, was du zu sagen hast, nicht schöner als
das Schweigen ist, dann halte lieber den Mund.

(Chinesisches Sprichwort)

287 유머는 모든 위기들에서 한 사람의 조용한 조력자이다.

Humor ist ein stiller Helfer in allen Nöten.

(Karl Heinrich Waggerl)

288 노년은 나에게 사람들이 감금당하는 감옥이 아니라, 그 곳에서부터 더 멀리 바라볼 수 있는 한 개의 발코니와 같은 것이다.

Das Alter ist für mich kein Gefängnis,
in das man eingesperrt ist,
sondern ein Balkon,
von dem man weiter sieht.

(Marie Luise Kaschnitz)

289 우리는 사람들을 그들이 무엇을 모르느냐에 따라 판단해서는 안 되고, 그들이 무엇을 알고, 또 그것을 어떻게 알고 있는지에 따라 판단해야 한다.

Man darf die Menschen nicht danach beurteilen,
was sie nicht wissen, sondern danach,
was sie wissen und wie sie es wissen.

(Luc de Vauvenargues)

290 적게 가진 자가 가난한 것이 아니라, 충분히 받을 수 없는 자가 가난한 것이다.

Arm ist nicht der, der wenig hat, sondern der, der nicht genug bekommen kann.

(Jean Guéthenno)

291 오만은 불손의 가장 나쁜 형태이다.

Hochmut ist die schlimmste Form der Arroganz.

(Maria-Theresia-Radloff)

292 이 세상에서 존중받을 만한 모든 것은, 그것의 기원을 머리 안이 아니라 마음 안에 갖고 있다.

Alles, was in dieser Welt Wertschätzung verdient,
hat seinen Ursprung im Herzen, nicht im Kopf.

(New York Times)

293 네가 어디에 서 있는지, 네가 어떻게 살고 있는지와 네가 누구인지를 알아내기 위해서는, 너는 멀리 가야 한다, 지구 끝까지, 별들의 공간까지.

Weit musst du gehen,
bis an die Enden der Erde,
bis an den Raum der Sterne,
um zu erfahren,
wo du stehst,
wie du lebst,
wer du bist.

(Carl Peter Fröhling)

294 우리가 스스로 사람들에게 항상 잘 대해주기만 하면, 우리는 또한 우리자신에게 그렇게 잘 대해주는 사람들을 발견하게 된다.

Wenn man nur selbst *immer recht gut*
zu den Menschen ist, dann findet man auch *welche,*
die es wieder sind.

(*Heinrich Seidel*)

Note

*welche*는 여기에서는 '부정 대명사'(Indefinitpronomen)으로서 'einige'를 뜻한다. *welche, die* ***es*** *wieder sind.*의 ***es***는 '*immer recht gut zu den Menschen ist*'를 나타내고 있다.

295 절약하면서 즐길 줄 알고, 즐기면서 절약할 줄 아는 자만이 현명하다.

Der allein ist weise, der im Sparen zu genießen,
im Genuß *zu sparen weiß.*

(*Christoph Martin Wieland*)

Note

*wissen zu sparen*은 'können sparen'을 뜻한다.

296 최소한 중간정도의 성과를 얻기 위해서는, 모든 일들에 있어서 우리는 최고의 것을 추구해야만 할 것이다.

In allen Dingen sollte man das Höchste anstreben,
um wenigstens das Mittlere zu erreichen.

(*Unbekannt*)

297 한 위대한 남자에게는 두 가지가 속(屬)한다: 작은 일들은 작은 일들로 그리고 중요한 일들은 중요한 일들로 취급해주는 것이다.

Zu einem großen Manne gehört beides:
Kleinigkeiten als Kleinigkeiten und wichtige Dinge
als wichtige Dinge zu behandeln.

(Gotthold Ephraim Lessing)

298 한 인간을 개선시키려는 자는, 우선 그를 한 번 존중해주어야 한다.

Wer einen Menschen bessern will,
muss ihn erst einmal respektieren.

(Romano Guardini)

299 어머니들이 그들의 자녀들을 아침 내내 운반하니; 자녀들은 그들의 어머니들을 저녁 내내 운반해야만 할 것이다.

Mütter tragen ihre Kinder durch den Morgen;
Kinder sollen ihre Mütter durch den Abend tragen.

(Sprichwort)

300 장작 쪼개기는, 사람들이 이 행위에서는 그 성과를 즉시 눈으로 볼 수 있기 때문에, 그렇게 인기가 있는 것이다.

Holzhacken ist *deshalb* so beliebt, *weil* man bei dieser Tätigkeit den Erfolg sofort sieht.

(Albert Einstein)

Note

'이유'를 나타내는 부사 *deshalb*는 주문장 안에서 부문장의 종속 접속사 *weil*을 미리 받아주는 '상관사'의 역할을 하고 있다. 이것은 또한 뒤에 오는 *weil*–부문장을 가리키는 '후방 지시사'이기도 하다.